AF340861

LES
DROITS DE L'ENFANT

CHARLES CHABOT

PROFESSEUR A L'UNIVERSITÉ DE LYON

LES DROITS
DE L'ENFANT

Librairie académique PERRIN et Cⁱᵉ.

CHARLES CHABOT

Professeur la Faculté des Lettres de Lyon

LES DROITS
DE L'ENFANT

PARIS

LIBRAIRIE ACADÉMIQUE

PERRIN ET Cie, LIBRAIRES-ÉDITEURS

35, QUAI DES GRANDS-AUGUSTINS, 35

1922

PRÉFACE

Même après la guerre, qui en a un moment,
dans l'héroïsme et dans les deuils, réveillé la
vie profonde, la famille est chez nous menacée
de décadence. Un certain nombre d'esprits s'en
réjouissent, et voient là une évolution normale
qui atrophiera un organe social devenu inutile ;
d'autres s'en affligent, mais s'y résignent
comme à l'inévitable, et sont d'accord avec les
premiers pour demander à de nouvelles institutions et mœurs le remplacement de la famille.
Je ne suis ni des uns ni des autres, et c'est
pour le dire, avec les raisons qui m'ont paru
le plus solides, que j'ai écrit ce petit livre. Sur
ce point il faut que chacun de ceux qui s'occu-
pent d'éducation prenne aujourd'hui son parti
et ses responsabilités.

Je me suis placé au point de vue des droits de l'enfant. C'est la question centrale, puisque c'est au nom même de ces droits qu'on envisage l'abdication ou le remplacement de la famille. Quels en sont les vrais défenseurs ? A les confier à d'autres que les parents ne ruinera-t-on pas, avec la famille, la race elle-même que personne ne s'intéressera à perpétuer ? Cette soi-disant défense de l'enfant n'aboutit-elle pas à supprimer les enfants ?

Et sans doute c'est souvent contre la famille qu'il faut les protéger. La civilisation moderne, en appelant, pour le travail ou pour le plaisir, tout le monde hors du foyer, accroît chaque jour le nombre des ménages stériles, incapables d'éducation, insouciants ou dénaturés. Mais précisément, nous sommes, au lendemain de la grande épreuve, au point critique. La Société va-t-elle se substituer à la famille au risque de se ruiner elle-même, ou doit-elle, pour son propre salut, et pour sauver les droits de l'enfant, rendre son rôle à la famille ? A quoi l'enfant a-t-il droit ? Au bienfait d'une éducation taylorisée, anonyme, dominée par une raison impersonnelle dans une Cité comme celle que Platon a rêvée ? Ou bien au lait et à l'amour de sa mère, à l'autorité affectueuse de son père, aux joies et aux solidarités du foyer ? Il faut choisir. De ce choix dépend le principe de la pédagogie. C'est donc toute une théorie pédagogique que j'ai voulu proposer dans les pages qui suivent.

LES
DROITS DE L'ENFANT

CHAPITRE I

Le problème

Jean Bodin, qui était de son temps un libéral, disait que tout était perdu parce qu'on avait enlevé au père le droit de vie et de mort sur l'enfant. Que penserait-il aujourd'hui, en entendant réclamer pour l'enfant des droits qui semblent effacer ceux du père ? Idée nouvelle et paradoxale, scandaleuse pour quelques-uns, suspecte au moins et inquiétante pour beaucoup d'autres, plus libéraux que Jean Bodin. Qu'on attribue des droits, et les plus imprescriptibles, à l'être qui jusqu'ici n'avait, par définition, que des devoirs, n'est-ce pas renverser l'ordre du monde, du monde moral tout au moins ?

Pourtant qui réfléchira verra bien que cette idée « moderne » n'est point si neuve, et n'est qu'en apparence paradoxale. Plus précisément, on y peut distinguer un fond qui est éternel, une forme dont la définition actuelle est discutable. A cette définition nous opposons par tradition le régime antique, celui sans doute de la famille primitive, disons mieux, celui de la loi romaine qui était aussi bien celui de Sparte et même d'Athènes et qui attribuait, semble-t-il, au *pater-familias* à la fois prêtre, magistrat, administrateur, un pouvoir absolu sur la personne et les biens de l'enfant. Le père a droit de vie et de mort sur les enfants en sa puissance : il peut les faire travailler, les punir, louer leurs services, les aliéner même, exposer les nouveau-nés, etc. ; bref, il a, et pour toute la vie de l'enfant, les droits du propriétaire sur la chose. Mais ne nous y trompons pas : le principe, quels que soient les démentis des faits, est l'intérêt, non du père lui-même, mais de la famille, de son unité dans l'espace, de sa perpétuité dans le temps. Et il faut songer, on l'oublie trop souvent, que les mœurs, la religion, l'action de la mère adoucissaient en fait cette rigueur : de plus, le censeur, c'est-à-dire l'État, en pouvait réprimer les abus. C'est la loi même qui s'adoucit à la fin de la République ; ou plutôt, sous l'influence du relâchement des mœurs et de la désorganisation de la famille, elle consacre l'émancipation de l'individu, supprime le droit de vie et de mort, le droit d'aliéner l'enfant, libère dans certains cas l'enfant de la puissance paternelle par une véritable déchéance du père indigne.

Au Moyen-Age les pays de *droit écrit* conservent la loi romaine, dont le principe, sauf pour le droit de vie et de mort, est encore affirmé jusqu'au XVIIe siècle ; toutefois la puissance paternelle est limitée, non seulement par les mœurs et la religion, mais par l'intervention des juges civils qui en réfrènent les abus. Elle n'est pas admise dans les pays de *droit coutumier*, qui en font un « pouvoir de direction tempéré par la piété paternelle », s'exerçant dans l'intérêt de l'enfant, et cessant, officiellement du moins sinon en fait, à sa majorité. Ainsi le droit du père, qu'une idée superficielle présente comme absolu, est toujours restreint, plus ou moins précisément mais positivement, par des obligations qui impliquent un droit de l'enfant. Et la première de ces obligations est celle de l'entretien et de l'éducation, premier droit, et vraiment naturel, de l'enfant. Toute théorie en effet, et la plus simple réflexion sur l'éducation réclame pour lui une attention, une sollicitude, un dévouement dont elle impose le devoir aux parents ou au maître. *Debetur puero reverentia.* A Port-Royal, sous une autre inspiration, on a traduit la même idée avec un accent qui lui donne un relief singulier.

« L'enfance est chose terrible », disait Saint-Cyran, dont « la bonté allait jusqu'à une sorte de respect ». Nous devons trembler de notre responsabilité. Il faut, sous le mystère, constamment veiller et travailler pour elle. « Ces messieurs devenaient, pour ainsi dire, enfants pour gagner les enfants à Jésus-Christ. Ils le considéraient comme un dépôt précieux que Dieu avait confié à leurs soins. » En somme, l'enfant a droit au salut ou à tout notre effort pour le sauver. Tout système pédagogique est un exposé des droits de l'enfant.

Mais d'autre part, sous sa forme nouvelle, cette idée fait partie du programme des réformes qui passent progressivement à l'acte depuis un siècle. Ce programme est celui de la Révolution, et c'est à la philosophie pédagogique de la Révolution qu'il faut demander les principes de cette revendication moderne des droits de l'enfant. Mais cette philosophie même n'était que l'aboutissant du mouvement de pensée des siècles précédents. On en a bien souvent analysé les causes ; on les discute encore et nous ne reprendrons pas ici ce débat d'historiens ou de philosophes. Mais on peut s'accorder à démêler dans ce mouvement si complexe deux directions, l'une morale et sentimentale, l'autre intellectuelle. La première, chrétienne sans doute en ses origines, mais compliquée ou détournée par le paganisme de la Renaissance, était par là même incertaine entre deux tendances : l'une, où s'affirmait la valeur de la conscience et de la personne morale destinée surtout aux joies de la Cité céleste, l'autre toute attachée à la recherche d'un bonheur positif dans une vie tout humaine. Les concilier, et assurer à l'individu comme à l'humanité tous les biens de l'une et l'autre vies fut certainement, du moins à l'origine, un article du Credo révolutionnaire : la *Déclaration* est mise sous le patronage de l'Être suprême. Et personne n'a plus exactement représenté, plus éloquemment traduit cet optimisme hasardeux que Rousseau. Si bien que son système, car c'est un système, inspira le naturalisme le plus complaisant et le moralisme le plus sévère. Puisqu'il s'agit de l'enfant et de ses droits, on ne saurait trouver ailleurs que chez l'auteur de l'*Émile* une affirmation plus nette de son droit au bonheur et à la liberté bien réglée. C'est vraiment de là qu'il faut partir, et ce sont les formules de l'*Émile* que reprennent ou commentent, aujourd'hui encore, les défenseurs de cette cause. En les rapprochant on constituerait toute l'argumentation. Voici du moins l'essentiel. « Que faut-il donc penser de cette éducation barbare qui sacrifie le présent à un avenir incertain, qui charge un enfant de chaînes de toute espèce, et commence par le rendre misérable pour lui préparer au loin je ne sais quel prétendu bonheur dont il est à croire qu'il ne jouira jamais ?..... Hommes, soyez humains, c'est votre premier devoir... Aimez l'enfance : favorisez ses jeux, ses plaisirs, son aimable instinct... Pourquoi voulez-vous ôter à ces petits innocents la jouissance d'un temps si court qui leur échappe et d'un bien si précieux dont ils ne sauraient abuser ?... Pères, savez-vous le moment où la mort attend vos enfants ? Ne vous préparez pas des regrets en leur ôtant le peu d'instants que la nature leur donne : aussitôt qu'ils peuvent sentir le plaisir d'être, faites qu'ils en jouissent : faites qu'à quelque heure que Dieu les appelle, ils ne meurent point sans avoir goûté la vie... Malheureuse prévoyance, qui rend un être actuellement misérable sur l'espoir, bien ou mal fondé, de le rendre heureux un jour ! » (1) Et relisez aussi le témoignage que Rousseau rend à sa méthode en mettant sur la montre à la fin de ce livre II « l'enfant fait ». « Il est parvenu à la maturité de l'enfance ; il a vécu de la vie d'un enfant, il n'a point acheté sa perfection aux dépens de son bonheur : au contraire ils ont

______

(1) *Émile*, livre II.

concouru l'un à l'autre. En acquérant toute la raison de son âge, il a été heureux et libre autant que sa constitution lui permettait de l'être. Si la fatale faux vient moissonner en lui la fleur de nos espérances, nous n'aurons point à pleurer à la fois sa vie et sa mort, nous n'aigrirons point nos douleurs du souvenir de celles que nous lui aurons causées; nous nous dirons : Au moins il a joui de son enfance ; nous ne lui avons rien fait perdre de ce que la nature lui avait donné. »

N'entendez pas, toutefois, que Rousseau se désintéresse de l'avenir, et le sacrifie de gaîté de cœur au présent, ni renonce à l'au-delà. L'enfant n'est heureux dans sa condition actuelle que par le jeu d'une liberté bien réglée. Assujéti à la seule dépendance des choses et de la nécessité, assisté en tous ses besoins essentiels par ceux que la nature a placés à côté de lui pour suppléer à sa faiblesse, il apprend pour tout le reste à se suffire à lui-même en égalant ses forces à ses désirs naturels. Il s'assure pour l'âge adulte, dans une cité qui serait celle du *Contrat social*, toute la liberté et tout le bonheur dont une vie d'homme est susceptible. D'autre part, cédant de même à l'instinct moral qui est aussi dans sa nature, obéissant à la voix de sa conscience, l'élève du Vicaire savoyard pourra « prétendre, comme dit Descartes, autant qu'aucun autre à gagner le ciel ». Ici encore s'affirme, avec le droit au bonheur, la souveraineté de la nature qui en fournit le principe ; mais c'est d'un bonheur moral qu'il s'agit, et l'apôtre de la religion naturelle en est aussi jaloux que personne. Robespierre ne le sera pas moins que lui.

Mais il y avait autre chose que ce moralisme et ce sensualisme dans l'esprit de la Révolution, et d'autres raisons de proclamer la liberté de chaque individu et l'égalité des libertés. L'influence de l'intellectualisme cartésien, s'ajoutant à l'individualisme de la Réforme, n'y est pas moins manifeste. En déclarant que le bon sens est la chose du monde la mieux partagée, en entreprenant de refaire seul tout l'édifice de ses pensées, Descartes a posé le principe de ce droit souverain de toute intelligence à discerner seule le vrai dans le domaine des vérités positives, et de cette égalité des raisons individuelles. Sans doute il refusait de se donner en exemple ; sans doute il reconnaissait entre les esprits des inégalités naturelles de mémoire, d'imagination, etc., et au-dessus de sa raison même, l'ordre des choses de la foi ; surtout il donnait à cette raison comme premier objet des vérités métaphysiques. Il a donc fallu laisser Descartes en chemin pour pousser l'intellectualisme jusqu'au bout, jusqu'à cette philosophie de l'autonomie qui détache chaque individu des autres, sans qu'on dise comment il devra relier commerce et solidarité avec eux. Mais c'est bien ce principe de libre examen et d'autonomie intellectuelle qui devait conduire à attribuer à tout homme un droit égal de penser par soi-même, et de ne croire qu'à ce qu'il reconnaîtrait évident, de ne croire qu'à soi-même.

Et pourquoi retarder l'exercice de ce droit jusqu'à l'âge adulte ? L'homme n'est-il pas, bien avant vingt ans, capable de connaître, de comprendre, de distinguer le vrai du faux ? Les enfants n'ont-ils pas déjà une raison, et n'est-elle pas en face de l'évidence égale à celle des adultes ? Un enfant sent-il moins la nécessité des principes et des vérités nécessaires ? Quand il a reconnu que deux et deux font quatre, en sait-il là-dessus moins qu'un adulte ? Pascal a dit : « Je ne voudrais la compter [la vie de l'homme] que depuis la naissance de la raison, et depuis qu'on commence à être ébranlé par la raison, ce qui n'arrive pas ordinairement avant vingt ans. Devant ce temps on est un enfant, et un enfant n'est pas un homme » (*Discours sur les passions de l'amour*). Et Descartes avait affirmé dans les *Principes* que dans l'enfance a on fait semblant de juger avant d'avoir possédé la raison. Mais Malebranche dit expressément : « Les plus petits enfants ont de la raison aussi bien que les hommes faits, quoiqu'ils n'aient pas d'expérience... Il faut donc les accoutumer à se conduire par la raison puisqu'ils en ont (1). » Mais Montaigne avant lui, et avant Descartes, avait affirmé cette valeur souveraine du jugement personnel et appliqué cette idée à l'éducation. C'est à la Renaissance et à ses origines qu'il faut reporter le point de départ de ce mouvement intellectualiste qui aboutit à la *Déclaration des droits*. Et c'est à Montaigne qu'il faut demander cette affirmation du droit de l'enfant à être traité en homme, à philosopher « dès le partir de la nourrice ». Il faut tout de suite « faire goûter les choses à cette jeune âme, les choisir et discerner d'elle-même », la délivrer des cordes et lui rendre ses franches allures et sa liberté. « Que le précepteur lui fasse tout passer par l'étamine et ne loge rien en sa tête par simple autorité et à crédit... Qu'on propose à l'élève la diversité des jugements [des philosophes] : il choisira s'il peut : sinon il en demeurera en doute. La vérité et la raison sont communes à un chacun... Je voudrais qu'on commençât à le promener dès sa tendre enfance » pour lui apprendre à juger les choses et les hommes. « Il n'est engagé à aucune

(1) *Recherche de la vérité*, II.

cause que parce qu'il l'approuve. » On lui mettra « en fantaisie une honnête curiosité de s'enquérir de toutes choses » et de prendre pour livre « le grand monde » (1).

Ainsi, en revendiquant pour l'homme l'autonomie intellectuelle et l'autonomie morale, l'esprit moderne en devait venir, d'accord avec Montaigne et Rousseau, à les réclamer pour l'enfant et à concevoir une Déclaration des Droits de l'enfant que le XXe siècle semble vouloir entreprendre d'analyser et de traduire en un code. \ Ayant émancipé l'homme et défini le souverain bien comme l'égalité dans la liberté, on devait être conduit à émanciper, non seulement la femme, mais l'enfant, en qui la nature et la raison ne semblaient pas *a priori* moins respectables. Là comme ailleurs, la Révolution, par nécessité ou par besoin de logique un peu simpliste, commença par faire table rase. Le droit nouveau fut la négation radicale de la tradition, la proclamation de l'ordre « naturel ». Au père le devoir de protection avec contrôle rigoureux de l'État; à l'enfant tous les droits. C'est le principe des décrets du 28 août 1792 et du 1er février 1793. Mieux encore, la loi du 16-24 août 1790 — inappliquée du reste — établissait, comme un con-

(1) *Essais*, I, xxv.

seil auprès du roi, un *tribunal domestique* auquel
le père devait soumettre toutes les mesures de
correction. Et plus décidément le projet de Code
civil de Cambacérès faisait du père un simple
tuteur sous la souveraineté de l'État. C'est bien
le sens du droit jacobin qui succède à l'individualisme pur quand on songe à réorganiser.
« Le père n'est que le délégué de la nation. »
Le Code Napoléon écarta ces outrances, et
reconnut au père un droit « fondé sur la nature,
confirmé par la loi », mais qui doit s'exercer
dans l'intérêt de l'enfant. Traduire en droits
définis et positifs cet intérêt et revenir au principe révolutionnaire, c'est l'œuvre qui se poursuit depuis un siècle. Il resterait à rechercher
comment et sous quelles influences cette tendance s'est accusée de jour en jour et plus précisément déterminée en projets et formules d'action. Ce serait redire toute l'histoire morale et
sociale du XIX⁰ siècle. Nous n'en retiendrons
que les traits essentiels.

Et ceci d'abord que la doctrine nouvelle, par
cela seul qu'elle devenait maîtresse de l'ordre
social, ébranlait les deux autorités auxquelles
l'enfant avait été jusque-là soumis presque sans
contrôle : la famille et l'Église. Depuis longtemps
sans doute les abus de l'une ou de l'autre avaient
soulevé des protestations accidentelles qui oppo-

saient à une tutelle despotique le sentiment d'une justice idéale due à l'enfant. Là aussi l'excès d'autorité appelait d'abord la défense et la protection des faibles, puis le besoin de définir un ordre public, légal, où cette défense ne serait plus laissée aux hasards de généreuses et peut-être imprudentes interventions. La littérature, théâtre ou roman, des XVIIe et XVIIIe siècles, pour ne pas remonter plus haut, nous en offre des témoignages répétés, du moins pour ce qui concerne le mariage des enfants, sinon leur éducation. Mais, par un retour d'action inévitable, ces abus mêmes devenaient d'autant plus sensibles que devenait plus hardie, puis triomphante en théorie, la doctrine d'un droit de nature et de raison pour les faibles. Sans doute, c'était l'État qui substituait son autorité à celle du père et à celle du prêtre, et qui allait parfois jusqu'à réclamer pour la nation la propriété de l'enfant. Mais le plus souvent aussi il se présenta comme le protecteur de l'enfant, le défenseur naturel ou le plus sûr de sa vie, de sa santé, de ses légitimes intérêts, de son droit enfin.

Parallèlement à ce besoin de tutelle ou de justice se développait, dans le prolongement de la sensiblerie du XVIIIe siècle, en réaction contre la raideur des vieux âges, une tendresse caressante, une attention amusée ou inquiète qui remplaçait

la tyrannie du père par la tyrannie de l'enfant.
« Prenez garde, disait déjà Saint-Lambert, d'aimer dans vos enfants ce qui vous amuse de préférence à ce qui leur est utile. » Rousseau avait dénoncé lui-même le vice des éducations d'enfants gâtés, et Montaigne avant lui, et d'autres avant Montaigne : cela est de tous les temps. Mais ce qui n'avait été que l'exception, surtout chez les pères, tendit à devenir la règle. Dans les familles aisées et cultivées on s'intéressa de plus en plus aux enfants. A mesure aussi qu'on en eut moins et qu'on trouva plus pénible d'en avoir et de les élever, on sentit davantage la crainte de les perdre et le besoin d'en jouir. On osa moins les rudoyer ou les contrarier ; on fut plus disposé à les respecter ou même à leur complaire et à les servir, si tant est que ce soit une manière de les respecter.

Ainsi, d'une part le souci d'une justice nouvelle et d'une législation tutélaire, de l'autre un adoucissement, on dirait mieux un amollissement des mœurs familiales, faisaient de l'enfant, dans la vie publique et privée, un personnage de plus en plus important, plus tôt et plus complètement émancipé. Ce double mouvement n'a fait que s'accentuer à travers tout le XIX⁰ siècle. Nous verrons vers quelle fin il semble tendre de nos jours ; mais il faut noter les faits qui ont contribué à l'accélérer et à faire prédominer la justice sur la tendresse. C'est d'abord le développement de la grande industrie et du paupérisme, le régime moderne du travail, puis le régime moderne des plaisirs avec un besoin effréné de bien-être discréditant les résignations du foyer, en un mot la désagrégation de la famille ; c'est, d'autre part, le développement de l'instruction et de l'assistance, surtout de l'assistance et de l'instruction publiques, en un mot l'accroissement du rôle de l'État.

La grande industrie, ouvrière des merveilles de la civilisation et du progrès, a commencé par produire cette merveille : la femme ouvrière, je dis ouvrière d'usine et hors de chez elle, c'est-à-dire l'enfant abandonné, et cette autre : l'enfant lui-même ouvrier d'usine. Qu'on lise la description de ces misères dans les écrits de ceux qui ont conduit ou résumé en France les premières enquêtes sur la condition des ouvrières, Audiganne, Villermé, J. Simon, etc. ; on verra combien furent brutales pour les enfants les nécessités du progrès industriel et quels cris de pitoyable indignation suscita ce régime nouveau. La mère ouvrière c'était déjà l'enfant laissé à la garde d'un frère ou d'une sœur, ou d'une vieille voisine, c'est-à-dire mal soigné ou peut-être abandonné, puis plus tard livré à tous les risques, à toutes les dépravations de la rue : la pitié fit créer les salles d'asile. Et quand l'idée vint de prendre les enfants, les pauvres petits furent enfermés eux aussi toute la journée, esclaves de tâches monotones et sans rémission. On vit des ouvriers de 6 à 7 ans, assis au métier quinze heures par jour pour dévider la trame, ou accroupis dans les verreries devant le moule qu'ils devaient du matin au soir ouvrir et fermer d'un geste mécanique et sans trêve répété. Il n'y avait plus pour eux ni foyer ni éducation.

En même temps, la civilisation moderne appelait aussi de plus en plus, pour le plaisir comme pour le travail, le père, la mère elle-même hors de la maison. Elle leur donnait les moyens et le goût d'une vie tout extérieure, en mettant à la portée de tous des jouissances réservées autrefois aux loisirs, sinon aux vices, d'un petit nombre. Ce n'est plus dans l'intimité familiale qu'on se délasse, le soir et le dimanche, des fatigues du bureau ou de l'atelier. C'est au café-concert, à la brasserie, aux courses, au théâtre, au cinéma, aux fêtes publiques, aux réunions de sociétés de jour en jour multipliées. Et tout cela, comme les visites et réunions mondaines, les soirées de bals ou de dîners, les parties joyeuses et les voyages, les plaisirs du jeu, du sport ou du flirt, le sans-gêne des conversations abandonnées, tout çela est impossible ou tout cela est gâté si on doit emmener ses enfants ou si on les garde avec soi. Il y a des choses qu'on ne peut dire ou faire quand ils sont là ; même si on les en rend sans scrupules témoins et victimes, leur présence seule est pénible, sans compter la nécessité de s'occuper d'eux ; ils sont un encombrement, une gêne. On ne goûte pleinement ces joies que sans eux. Il y a donc au moins des heures et des journées où l'on souhaite d'être délivré, « débarrassé » d'eux pour être à soi, « prendre ses vacances », se mettre à l'aise. Et comme chacun ne peut avoir la femme de chambre à qui on les laisse et reprend à volonté, comme les vestiaires de bébés ne sont pas partout organisés, les enfants deviennent insupportables à ceux qui veulent du loisir pour jouir de la vie, de tout le confort, de tout le luxe que le progrès met à la portée de tous. N'y a-t-il pas des maisons où l'on refuse les ménages avec enfants ? L'enfant est le fardeau, le poids mort qui alourdit l'existence, le trouble-fête, toujours plus importun et irritant, qui prend les plus belles années de plaisir, celles qu'on ne retrouve plus. Aussi y a-t-il de plus en plus des pères et des mères qui « font grève » et sacrifient l'enfant, des femmes et des hommes qui refusent d'être mères ou pères et sacrifient la race.

Plaisir et travail dissocient donc la famille dans le régime moderne, et tendent à la supprimer. Le malthusianisme est la règle, et qu'on laisse prêcher; les avortements sont de tous les jours; le nombre de ceux qui sont connus a chez nous triplé en 40 ans, la plupart sont ignorés, et la pratique, révélée de temps en temps par quelque scandale vite oublié, est courante, presque toujours impunie. L'infanticide est le plus souvent acquitté ou non poursuivi (100 condamnations pour 800 dénonciations). De même se multiplient les crimes contre enfants (violences on exploitations), les négligences qui en laissent périr plus de 100.000 par an sur 800.000 naissances, les divorces ou les ruptures d'unions temporaires qui livrent les enfants à la détresse physique ou morale.

Petit à petit devait s'imposer l'idée d'une protection, charitable d'abord, puis légale et juridique, puisque la tutelle et la tendresse familiale manquaient de plus en plus. L'idée ne vint pas ou parut inapplicable de rendre la mère à l'enfant au lieu de donner l'enfant à la charité publique puis à l'État. Nous en sommes là qu'il nous semble impossible d'assurer à chacun la vie de son foyer, et légitime de les parquer tous en d'immenses garderies. En tous cas l'excès du mal et de la misère des enfants, matériellement et moralement abandonnés, a conduit à chercher pour eux la définition d'un droit légalement garanti. D'abord l'initiative privée a multiplié les institutions d'assistance ou de défense : crèches et asiles, maternités et pouponnières, sociétés de sauvetage, d'allaitement maternel, d'enfants trouvés, œuvres de protection de l'enfance abandonnée ou coupable, patronages des enfants pauvres, refuges et ouvroirs, asiles pour enfants de parents en prison ou à l'hôpital ou en chômage, sociétés de protection des enfants martyrs, etc., etc. ; la liste couvrirait des pages, et elle s'allonge tous les jours. A cette œuvre immense de l'assistance privée s'ajoute, toujours plus puissante, celle de l'Assistance publique : État, Départements, Communes. Limitée d'abord à certaines nécessités urgentes, elle est venue au secours des institutions privées qui ne pouvaient se suffire avec leurs moyens propres : elle les a de plus en plus largement subventionnées, mais en leur imposant son contrôle, son autorité, ses méthodes, si bien qu'elle en a absorbé plusieurs et tend à les absorber toutes dans ses cadres administratifs. Ainsi se dessine le mouvement qui substitue un régime officiel, régime de droit égal pour tous, aux initiatives incertaines de la charité privée et qui assure à l'enfant le droit d'être secouru.

La législation proprement dite est aussi, timidement d'abord puis de plus en plus hardiment, intervenue pour protéger l'enfant et fixer ses droits (1). Voici, sans parler des lois criminelles concernant les avortements, infanticides, expositions, etc., les principales décisions des parlements français :

Lois du 22 mars 1841, qui interdit avant 8 ans le travail des enfants dans les manufactures (grande et moyenne industrie).

Loi du 15 mai 1874, qui l'interdit avant 12 ans et partout, impose un maximum de douze heures, défend le travail de nuit et du dimanche, le travail souterrain.

Loi Roussel (19 mai 1874), assure la surveillance publique des enfants en nourrice et interdit l'emploi des enfants dans certaines industries.

Loi du 24 juillet 1889 prononçant la déchéance paternelle pour les cas d'abandon, d'inconduite notoire, de scandale et en assurant le bénéfice aux enfants naturels. Cf. Décret du 12 avril 1907.

Loi du 2 novembre 1892, complétée par de nombreux décrets, arrêtés, circulaires, amendée par la loi du 30 mars 1900. Elle interdit le travail de l'enfant dans l'industrie avant 13 ans (sauf exception pour ceux qui seront pourvus du certificat d'études primaires et d'un certificat médical). Le maximum

(1) V. en particulier pour tout ceci : Strauss, *L'enfance malheureuse* ; — Bonzon, *Législation de l'Enfance* ; — P. Pic, *Protection légale des Travailleurs* (Alcan, 1909).

du temps de travail était fixé à dix heures avant
16 ans, à onze heures avant 18 ans (soixante heures
par semaine). Il a été ramené à dix heures par
deux réductions successives. Pas de travail de
nuit ; entrée, repos, sortie aux mêmes heures que
pour les adultes.

Loi du 19 avril 1898, fixant de nouveaux cas de déchéance. Les tribunaux règlent le sort de l'enfant
au mieux de ses intérêts, et peuvent l'attribuer à
une personne ou à une institution charitable si la
maison de correction paraît dangereuse et la mère
sans énergie. La loi réprime les violences, voies de
faits, actes de cruauté et attentats commis contre
les enfants.

Loi du 27 juin 1904, portant règlement du service des
enfants assistés.

Loi du 13 juillet 1906 sur le repos hebdomadaire.

Consulter l'appendice page 241.

C'est un code, ou les premières pages d'un
code de jour en jour plus complet et plus précis
des droits de l'enfance.

D'autre part, enfin, dans tous les pays de
grande civilisation, sous la poussée du mouvement démocratique et de l'intellectualisme, un
nombre d'enfants de plus en plus grand, puis
tous les enfants sans exception, ont été appelés,
officiellement sinon toujours en fait, au bénéfice
de l'instruction. Résultat d'une conception plus
claire de ce qui était dû à l'enfant, ce fut aussi,

par une action réciproque, une cause des progrès nouveaux pour cette conception même. On comprit de mieux en mieux, dans un siècle où la science transformait la vie, combien il importait que chaque individu, pour lui-même et pour la société, fût mis en état d'en profiter puis d'y collaborer. Obligatoire, ou non, l'instruction devait, selon le vœu de Condorcet, devenir universelle ; en devançant et préparant l'expérience elle émancipait l'esprit de l'enfant et le portait à s'affirmer lui-même plus tôt dans la vie et à y réclamer — au risque de le faire prématurément — une situation plus indépendante. Mais en même temps, et nécessairement aussi, l'instruction, plus ou moins confondue avec l'éducation, devenait de plus en plus chose d'État, non seulement légalement contrôlée, mais officiellement organisée. Et par là même s'élevait un conflit qui a passionné tout le XIXe siècle, qui nous divise encore. C'est l'intérêt de l'enfant que l'État défend ainsi en lui créant un droit à l'instruction dont il assure pratiquement l'exercice. Mais il se substitue, là encore, à ce qu'il prétendait d'abord aider et soutenir. Pour imposer le respect de ce droit il prend l'enfant sous sa tutelle, s'empare de lui, et l'enlève à ceux qui étaient jusque-là ses tuteurs, naturels ou non, famille ou Église. Et c'est aussi l'enfant et son droit que ceux-ci entendent sauvegarder en le disputant à l'État. Quoi qu'il en soit, on voit le progrès de cette idée, dont se réclament les partis les plus opposés. Tout le monde s'arme pour la défense des droits de l'enfant.

Pour manifester ce mouvement d'idées et de mœurs, ou pour le provoquer, toute une littérature s'est développée qui imposait de plus en plus l'enfant à l'attention, et où s'exprimait comme une conscience inquiète des injustices qui l'avaient méconnu. Et je ne parle pas seulement des écrits proprement pédagogiques qui se sont multipliés au XIXe siècle, mais d'œuvres toutes littéraires : celles des romantiques qui ont chanté l'enfant ou esquissé dans leurs autobiographies des monographies d'enfants (Hugo, G. Sand, Michelet, Renan) ; celles des réalistes prétendant traduire en analyses plus précises des observations positives, délicates ou brutales (Daudet, Vallès, Zola, Maupassant, A. France, P. Loti, P. et V. Margueritte, Barrès, Lichtenberger, Gyp, Frapié, J. Renard, E. Le Roy, Romain Rolland, etc...). Et la littérature étrangère n'est sans doute pas moins riche, avec Dickens, G. Eliot, Rudyard Kipling, Tolstoï, Dostoiewski, Gogol ; les comédies pédagogiques allemandes, etc. D'autre part, c'est l'effort d'une étude de plus en plus positive, scientifique, expérimentale de l'enfance.

Monographies s'attachant à suivre jour après jour la croissance physique et morale, vastes enquêtes américaines récoltant des réponses à des milliers de questionnaires, observations et descriptions d'enfants anormaux, coupables, arriérés, recherches proprement expérimentales installant les méthodes du laboratoire dans l'école même pour aboutir à une pédagogie de plus en plus précise et comme infaillible : le travail de ces trente dernières années est immense. Et la bibliographie de la *Child Study* est dès aujourd'hui si riche qu'elle est presque décourageante pour qui veut simplement se tenir au courant.

Il n'est donc point paradoxal de dire, avec Mme Ellen Key, que le XXe siècle sera le *siècle de l'enfant*, à moins qu'il ne soit le siècle de la femme, et je voudrais que ce fût la même chose. Quoi qu'il en soit, on peut résumer ainsi, pour conclure, les caractères de ce mouvement d'idées, de mœurs, d'institutions: Généreux et sentimental dans ses intentions, il est plutôt encore, ou de plus en plus, réaliste, juridique, étatiste enfin. C'est d'abord un élan de pitié et d'amour qui vient au secours de l'enfant contre la misère, contre les fautes et les négligences des parents. Mais l'esprit positif s'efforce, par une organisation plus savante de cette protection, de lui assurer la vie, la santé, le bien-être, les moyens de prendre sa part des avantages de la civilisation. L'esprit intellectualiste, pour le mieux étudier et scientifiquement classer, le pose comme un objet à part, une unité indépendante, le délie des solidarités naturelles et le détache de ceux qui se continuent en lui. Grâce, en effet, à toute cette législation qui étend et fixe les droits de l'enfant, sa vie, son éducation dépendent de moins en moins de ceux qui l'ont engendré, de leurs ressources, de leurs talents, de leurs vertus, de leur affection enfin et de leur volonté, jugées trop variables. D'une part s'amoindrit jusqu'à s'évanouir la puissance paternelle, et s'établit, au rebours du droit antique, un droit nouveau d'après lequel le père appartient à l'enfant. Et cette formule équivoque pourrait cependant traduire une doctrine très haute de l'éducation. Mais, d'autre part, pour soustraire l'enfant aux risques des péchés des parents, nous limitons et définissons si bien par le code ce qui reste d'action paternelle qu'elle sera bientôt tenue en des cadres rigides, assujétie tout entière à des oblitions légales et à des gestes mécaniques. Ou plutôt en lui laissant le soin de fournir, sauf le cas de plus en plus fréquent d'indigence, aux frais de l'entretien de l'enfant, nous lui retirons petit à petit toute initiative et sa fonction d'éducation pour la remplacer par l'action, administrativement organisée, de spécialistes officiels. Chaque enfant devient, pour son bien ou pour la rigueur et commodité du système, sous la direction de la Science et aux mains de l'État, un élément, une pièce d'un mécanisme destiné, dit-on, à lui procurer le maximum de bien-être et à tirer de lui le maximum de rendement social. Ainsi s'étendent en apparence dans ce régime de justice savante, impersonnelle et tout objective, les Droits de l'Enfant devant lesquels tous les autres semblent disparaître :

> Et lui qui ne se sent aucun droit sur la terre
> Les a tous (1).

Mais prenons garde de dépasser la mesure ou plutôt de fausser l'idée de ce droit qui est un droit d'enfant. Prenons garde qu'en voulant lui donner des définitions et garanties purement objectives pour le mieux assurer, nous l'enfermons dans un mécanisme rigide et froid, intolérable à l'adulte, mortel pour l'enfant, pour ses droits comme pour son bonheur. Il aura toute la force publique pour le défendre ; mais il n'aura plus de foyer ; il n'aura plus de parents pour l'aimer, le préférer comme il a besoin de

(1) V. Hugo, *Le Pape*, XIV.

l'être, jusqu'à l'abnégation et au sacrifice. Et en réalité ses droits ne seraient ainsi solennellement affirmés et proclamés à grand bruit que pour être absorbés dans les droits souverains de l'État. Il importe donc, en ce moment qui est critique, de voir de près comment il les faut comprendre et défendre.

CHAPITRE II

Le Principe. I

Personne ne nie le droit de l'enfant, mais deux thèses s'opposent que l'opinion commune juxtapose sans souci des contradictions. Pour l'une, l'enfant s'appartient à lui-même : c'est un homme en petit, avec moins de forces, mais les mêmes attributs. Ses droits seront moins étendus, mais semblables à ceux de l'adulte; la loi lui garantira, comme à l'adulte, cette propriété de soi-même, en substituant ses précisions aux vagues aspirations et aux hasards du sentiment. Pour l'autre, il n'est pas une miniature, mais une frêle espérance d'être humain, incapable de se suffire et de s'affirmer en s'opposant. Son premier droit, et le plus nécessaire, est de n'être pas détaché de la famille, d'être secouru, aimé, élevé à la vie d'homme par ceux qui lui ont donné la vie.

L'accord n'est donc pas fait, ni sur le principe, ni sur le contenu de l'idée. D'abord, quel en est le principe? Sans doute on écarte volontiers cette question. Le droit positif et la notion même du droit pur sont choses relatives, variables dans le temps et dans l'espace, évoluant avec la société. Mais la conscience commune et la Législation même invoquent des principes, éternels ou non ; toute évolution a ses lois et son sens. La réflexion philosophique s'y peut donc appliquer, et rechercher ce que veut dire chacune des théories juridiques qui se succèdent ou s'opposent, quelle est celle qui fonderait le plus solidement le droit de l'enfant.

La thèse la plus positive est celle qui fait du droit la consécration de la force, ou du jeu libre et naturel des forces dans la Société ; conception fort ancienne, brillamment défendue par les sophistes, mise en système par Hobbes (1), rajeunie de nos jours par les sociologues et certains juristes, allemands ou disciples des Allemands. Chacun ne vaut, c'est la loi d'airain, que dans la mesure où il est fort, et n'a de droits que selon sa valeur. Le sens normal des institutions est de consacrer cette proportion et cet équilibre. C'est l'artifice des unes, l'inconscience des autres qui le faussent en assurant pour un temps des privilèges à ceux dont la force ne vient que de l'opi-

______

(1) *Léviathan,* ch. xiv.

nion, de l'illusion. « On n'a que ce qu'on prend », dit une formule brutale, qui paraît être la négation même du droit. Pourtant elle traduit la révolte contre cette duperie, et nous ramène au réalisme solide; ceux qui ont la force de prendre, et de garder ce qu'ils ont pris, sont comme désignés par la nature pour l'avoir. C'est le droit de conquête, qui est à l'origine de tant de droits positifs, sinon de tous. La justice établie ne fait, normalement, que consolider et définir dans le détail, pour en régler les applications à des cas particuliers, cette relation des forces positives, ce véritable droit naturel.

Appliquée à l'enfant, il est évident que cette conception ne lui attribue d'abord aucun droit. « Il est faible, et vous êtes fort », dit Rousseau. Il est donc tout entier au pouvoir de ceux qui l'ont fait naître et le font vivre. La *paterna potestas* est absolue. Et c'est bien le sentiment de l'enfant lui-même, dès qu'il a conscience de soi, c'est-à-dire de sa faiblesse. Le père a non seulement la force des muscles, mais celle de l'intelligence et du vouloir. Il manie et déplace à son gré les objets, et l'enfant même. Il sait, il prévoit, il combine; l'enfant est ignorant, instable, débile d'esprit. Il entreprend et réussit, il crée et il transforme; l'enfant ne peut rien sans lui. Il fait ce qu'il veut, il commande, il est maître;

l'enfant n'a qu'à obéir et à attendre ou implorer son secours : c'est la loi de nature. Et cela dure jusqu'à ce que le petit être devenu grand se sente assez fort pour s'émanciper ou le vouloir faire. A mesure qu'il grandit, il prend conscience de l'élan de sa vie : il s'affirme et s'oppose. Parfois il se soustrait au joug brusquement ; il s'échappe, se refuse à l'autorité, il fuit le commandement, sinon la maison. Il n'obéit plus ; bientôt il exigera et commandera à son tour. Souvent il le fait dès l'enfance, en vrai tyran, avec toute la violence de son désir qui est déjà une force, et qui annonce ou accompagne la force proprement dite. Ses muscles plus jeunes sont plus souples, plus agiles, de jour en jour plus vigoureux que ceux du père : il a des idées plus neuves et plus hardies ; il sait plus, il est plus entreprenant, à son tour, plus assuré, et plus adroit ; il réussit mieux. Il s'affranchit donc ; il quitte le père, ou, s'il reste, il sera le maître. C'est le père qui l'aidera, le servira, lui obéira, jusqu'au jour où il ne pourra plus produire, et, devenu lui-même, sur le déclin de sa vie, une gêne et une charge, n'aura plus de droits. Déchet encombrant du passé, il est à la merci de celui qu'il a commandé ; il est de trop : il ne devrait plus être.

Voilà le régime du droit « naturel ». Chacun à son tour s'affirme et s'impose suivant qu'il est fort, si le sentiment n'inspire pas à l'un, puis à l'autre, la compassion, la tendresse, le dévouement pour le plus faible. Faute de ce dévouement l'enfant ne vivrait pas, et il n'y aurait vraiment ni père ni mère. Mais le sentiment ne crée pas un droit, et le droit proprement dit est toujours celui de la force, qu'elle soit ou non tempérée par l'affection. C'est ainsi que les choses se passent dans l'état primitif ou de barbarie, souvent aussi dans l'état civilisé. Dès que l'enfant sent un progrès dans sa force, il veut être libre ou maître; c'est son droit. Et la civilisation, par l'instruction précoce qu'elle lui donne, favorise elle-même une émancipation plus hâtive; de bonne heure il sait plus que le père et la mère, qui n'ont qu'à se taire et à abdiquer : à lui le droit de parler et de décider. Ainsi, n'ayant d'abord aucun droit, il en reçoit de la nature à mesure qu'il grandit, jusqu'à l'âge où, avec toute sa force, il a tous les droits, non seulement d'un être libre, mais d'un maître. Et de même dans la société des enfants. Chacun n'a de droits que sur ceux qui sont plus jeunes ou plus faibles. Au jeu ce sont les forts qui commandent, qui sont chefs : il y a déjà là des maîtres et des esclaves : cela est dans la nature.

Sans doute; mais, outre qu'il y a autre chose, dans la nature même, que cette balance brutale

de forces, rien n'est plus contraire à l'idée du
droit de l'enfant, ou ne la rend plus équivoque.
En un sens, c'est le principe de la théorie
moderne, puisqu'elle oppose l'enfant au père;
en un autre sens, et plus profond, c'en est la
négation. Car l'enfant n'a ainsi de droits qu'au
moment où il n'en a plus besoin, et dans la
mesure où il cesse d'être enfant. On supprime
les entraves artificielles et l'autorité en tant que
force d'opinion et de convention pure. Mais on
supprime aussi ou on manque d'assurer la tutelle
sans laquelle l'enfant cesse de vivre. L'affirmation
de son être en face des autres et en conflit avec
les autres est un non-sens : s'il s'oppose ou si
on l'oppose, il est perdu. Sans doute il a en lui
de la force, et un élan de vie merveilleux. Mais
cette force, qui suffit dès la naissance chez beaucoup d'animaux, est impuissante à se soutenir
dans l'enfant. Tout son pouvoir est dans l'avenir
et en espérance; dans le présent il est nul. Sa
vie ne dure et ne s'accroît que grâce à d'autres,
en recevant plus qu'elle ne donne, beaucoup
plus même qu'elle ne peut prendre, en recevant
toujours sans rien donner encore. S'il n'a que
ce qu'il peut prendre, il n'a rien, et il n'est rien;
il n'a que le droit de mourir. C'est bien ainsi
que l'entendent certains parents qui, fâchés
d'avoir des enfants, et trouvant la charge trop

lourde, s'attribuent le droit, ayant la force, de les supprimer, abandonner ou maltraiter ; c'est pour eux une forme du droit de vivre, d'être libres et heureux.

Si donc l'enfant a des droits, c'est au nom d'un autre principe ; c'est à la condition qu'on entende autrement le pouvoir légitime, la liberté, la nature même. Il en faut donc revenir à la conception idéaliste ou rationnelle. Le droit « naturel », dont on constate ou annonce la renaissance, est celui qui exprime le rapport normal entre des êtres humains dont la nature est d'être des personnes libres, raisonnables, ayant chacune une valeur ou dignité intangible. C'est le principe de cette philosophie qui, au XVIIIᵉ siècle, n'a fait que rationaliser, c'est-à-dire traduire en formules de justice positive le christianisme : principe de la Révolution et de la Déclaration des Droits de l'Homme.

« Tous les hommes naissent libres et égaux en droits. » Ainsi est tout de suite posé le droit de l'enfant, et semblable à celui de l'homme ; c'est celui d'un être libre, d'une conscience, d'un petit citoyen. Les juristes ne disent-ils pas que « l'homme est sujet du droit dès sa naissance, sinon même dès la conception » ? Toutefois dans ce dernier cas il ne l'est que « par fiction ». Mais n'est-ce pas une fiction aussi que de le faire sujet

du droit pendant l'enfance ? Et la *Déclaration* lui
est-elle réellement applicable, sinon dans sa lettre,
au moins dans son esprit? Laissons de côté les
articles qui ne peuvent concerner que l'adulte, le
contribuable ou le citoyen proprement dit. Ceux
qui affirment le droit de propriété soulèvent déjà
plus de difficultés. L'enfant peut être légalement,
légitimement si l'on veut, propriétaire. Mais c'est
un droit qu'il ne peut, cela est manifeste, ni exercer ni défendre. Mieux encore, comme il est aussi
bien incapable d'acquérir la propriété et qu'il ne
suffit pas d'avoir en soi l'essence métaphysique de
l'homme pour être propriétaire, on ne saurait trouver là un droit *d'enfant.* Ce n'est que le droit, posé
sur sa tête, des êtres qui se continuent en lui, l'affirmation de la continuité et solidarité de la famille et de l'ordre social. Toutefois, il y a là, dans
cette difficulté même, un avertissement et l'indica-
tion d'une conception plus solidariste, que nous
retrouverons. D'après l'article v, la loi ne doit
défendre que les actions nuisibles à la société. Et
il importe, à l'enfant comme à l'adulte, que de
telles actions soient interdites. Mais il lui importe
peu qu'on lui laisse comme à un citoyen, et à
tous les citoyens comme à lui, la liberté de faire
toutes les autres, tout ce qui ne nuit pas à autrui.
Cette liberté n'est rien pour lui : et ce respect à
distance de son autonomie, cette correcte absten-

tion le laisserait périr. Ce qu'il lui faut, c'est qu'on le secoure et défende, au besoin contre lui-même, au lieu de le laisser libre. A moins qu'on n'interprète autrement l'idée des « actions nuisibles à la société », à moins que la société ne couvre l'enfant de sa protection et ne confonde dans le sien l'intérêt de l'enfant, cet article ne signifie rien ici. Mais c'est une autre conception du principe du droit, sur laquelle aussi nous reviendrons. Ce n'est plus celle de la *Déclaration de 1789*, parce qu'elle dépasse l'équilibre des libertés, le respect réciproque des dignités individuelles.

Ceci nous amène aux définitions essentielles de la liberté et de l'égalité. Reprenons la *Déclaration*. « Les hommes naissent et demeurent libres et égaux en droits » (art. i), et « la loi est la même pour tous, soit qu'elle protège, soit qu'elle punisse » (art. vi). Les enfants sont précisément les hommes à leur naissance. Mais, à en serrer le texte de près, rien n'est plus équivoque que cette formule célèbre de l'article i, si on la détache du commentaire qui la suit. Car cela n'est point vrai en fait de la naissance positive et temporelle, la seule dont l'idée soit claire. Et cela ne peut s'entendre que d'une naissance idéale, intemporelle, au sens que cette idée peut comporter. On exprime ainsi qu'en chaque homme il y a un être de raison, un sujet moral ou nouménal, que sa conscience lui révèle, et qui élève sa personne au-dessus des contingences du phénomène. C'est donc essence qu'il faut dire, nature idéale et de raison pure, non naissance et nature sensibles; liberté transcendante, non liberté positive. Car le fait positif est fort variable et inégal en tous les hommes. Et les Constituants n'ont voulu dire qu'une chose, c'est que la Société ne doit pas mettre, par sa loi, d'obstacles à la liberté de chacun, ni de distinctions *a priori* entre les citoyens : elle ne doit pas ajouter aux différences naturelles et de fait des différences juridiques, ni établir des avantages fictifs qui seraient dès la naissance attribués aux uns, refusés aux autres, avant qu'aucun d'eux ait rien fait ni produit, se soit distingué par « sa vertu ou son talent ». Plus de privilèges, tel est le sens, le seul sens de ce texte, et que dit très nettement la fin de l'article : « les distinctions sociales ne peuvent être fondées que sur l'utilité commune ». S'il en est ainsi, ce droit manque aux enfants, qui ne sont point encore des personnes et ne le sont qu'en puissance ou dans le transcendant, non pas dans la cité positive et actuelle. « La liberté, dit l'article iv, consiste à pouvoir faire tout ce qui ne nuit pas à autrui. » Mais les enfants ne peuvent subsister sans un sacrifice de la liberté d'autrui. Il ne suffit pas, pour définir leurs droits, d'écarter de leur route les obstacles que l'artifice social y pourrait placer. Qu'importe que la route soit libre à qui ne peut marcher !

Pour l'égalité, elle est illusoire sans la liberté, et elle serait funeste à tous ceux d'entre les enfants qui ont besoin de recevoir plus que les autres. Les distinctions sont nécessaires dès la naissance ; et celles qu'il faut établir au profit de quelques-uns ne dépendent même pas des services qu'ils peuvent rendre un jour, et que personne ne devine, à l'utilité commune. Elles dépendent, non de leurs · facultés, vertus ou talents, mais de leurs besoins, non de leur valeur, mais de leur faiblesse et impuissance. Nous touchons ainsi au point capital. Le droit de l'enfant ne peut être celui de la Déclaration de 1789 et du Code civil ; droit égal pour chacun de poser en face des autres une liberté qui les limite et trouve en elle sa limite. Cette réciprocité exactement balancée de respect et d'obligations ne peut valoir pour lui ; il lui faut autre chose que la protection toute défensive d'une loi égale pour tous et indifférente. Ce n'est pas une compensation de libertés qu'il lui faut, mais un secours positif et une avance ; ce n'est pas la pure, stricte et impassible justice, mais la faveur et l'amour ;

ce n'est pas l'égalité qui lui convient, mais l'iné-
galité partiale. La suppression du privilège lui
serait mortelle.

Ici manque le fondement même du droit libéral de 1789. L'enfant n'a de raison ni théorique
ni pratique qui puisse se suffire ; ce n'est pas
une personne juridique ; il ne peut être ni législateur ni contribuable ; il n'a pas de droits. Les
cités scolaires ne sont que de fausses imitations,
sinon des parodies de la société des citoyens.
C'est en méconnaissant la nature même que certains pédagogues modernes attribuent à l'enfant
une conscience libre et autonome. Fichte dit au
contraire : « L'enfant n'est pas autonome. Les
parents ont tout pouvoir vis-à-vis de lui. Jusqu'à
sa majorité il n'a que des devoirs, il est dé-
pendant, il ne peut qu'obéir (1). » Cette thèse
extrême ne méconnaît pas moins la nature qui
n'attend pas une heure précise pour passer brusquement à l'état adulte, mais comporte une lente
croissance de raison et de dignité. Il faudra tenir
compte de ce devenir, et songer que l'enfant
devient majeur tous les jours pour lui attribuer
une part croissante des libertés de l'adulte. Mais
c'est, ici encore, en cessant d'être enfant qu'il
acquiert ces titres et ces droits : le principe révo-

(1) V. Xavier Léon : *La philosophie de Fichte*, p. 243.

lutionnaire qui semble vouloir que chacun ne date que de soi-même ne lui en assure aucun,

Adressons-nous à des théories plus modernes. Suivant les juristes de la doctrine aujourd'hui classique, le Droit n'est ni une pure constatation ou légalisation des pouvoirs du plus fort, ni un système rationnel et *a priori* de relations idéales. Le « droit naturel » a, dit-on, fait son temps, condamné par les études positives, surtout par l'histoire des sociétés et des législations. Dans la nature il n'y a pas de droit, et « les auteurs abandonnent l'ancienne idée du droit naturel, venant de Dieu ou de la Raison, immuable et universel. La conscience collective et le sens moral se modifient suivant le degré de civilisation... La loi est la règle *choisie* (*legere*) par le législateur et imposée au respect de tous (1). » Variant avec le temps et l'espace, le droit est, pour une société donnée, un ensemble de conventions ou obligations, qui se modifie au cours des événements et des mœurs. Résultante des actions et réactions de ces éléments de fait, c'est un équilibre aussi résistant mais aussi mobile et souple que la vie, et qui évolue avec elle. « C'est une erreur, dit von Iehring, de

(1) Baudry-Lacantinerie et Hougues Fourcade : *Traité théorique et pratique du Droit Civil*, vol. I, p. 3 et 10. Paris, Larose, 1896.

définir les systèmes juridiques comme une exigence de la raison; leur forme rationnelle elle-même n'est qu'une exigence des intérêts sociaux. A la dialectique du concept il faut substituer la dialectique des fins. La prétendue nécessité logique n'est qu'un reflet des nécessités pratiques. Les principes se modèlent sur la vie, non la vie sur les principes (1). »

Nous ne sommes donc plus astreints, pour concevoir le droit de l'enfant, aux cadres rigides d'une doctrine rationnelle. Il sera dans chaque société ce qu'elle aura reconnu à un moment donné comme nécessaire et exigible dans l'intérêt collectif, plus ou moins harmonique avec l'intérêt de l'enfant, mais toujours souverain. Ici plus large et là plus étroit, ce droit ne manque pas sans doute, en fait, de s'étendre et de se préciser avec la civilisation, avec les exigences croissantes du sens social, de la réflexion, de la méthode scientifique. C'est bien ce que réclame l'esprit moderne, dégagé de l'absolu, mais assujéti à la loi du progrès.

Faut-il donc concevoir ce droit comme si instable qu'il ne vaille que pour un moment et pour un pays, si positif qu'il ne vaille qu'une

(1) Cité par Bouglé : *Les sciences sociales en Allemagne,* p. 131.

fois écrit et affiché, si arbitraire que les enfants puissent au gré de la collectivité et comme les petits des animaux domestiques être sacrifiés ou élevés? Pure chose de fait, « fait de force », expression de volontés éphémères, il n'est donc que parce qu'il est ; c'est toujours le droit du plus fort, celui de la Société divinisée. Ce n'est pas celui de l'enfant.

Pourtant, non. A travers cette mobilité même se retrouvent les tendances générales de la nature ou de la conscience humaines. Et on admet dans ces variations une loi d'évolution et de progrès. « Il reste vrai, von Iehring lui-même le reconnaît, que les formules du droit se relient, s'organisent fortement en un système de plus en plus logique (1). » Et cette finalité même, quel qu'en soit le but (2), cet idéalisme, qui reparaît malgré tout, invite le philosophe à rechercher la valeur de ces tendances, le sens de cette évolution pour déterminer le fondement du droit de l'enfant et sa garantie d'avenir, dût-on rendre un sens et une valeur au droit naturel tant raillé. Car s'il n'y a point d'idéal ni d'exigence rationnelle, il

(1) Cité par Bouglé : *Les sciences sociales en Allemagne,* p. 131.

(2) Savigny le confondait avec celui du Christianisme : « réaliser la destinée morale de l'homme ». V. Charmont : *La Renaissance du Droit naturel,* p. 79. — Cf. p. 178.

est parfaitement vain et contradictoire de parler
d'un progrès du droit. En réalité on ne réussit
qu'à les dissimuler sous d'autres noms, et nous
sommes, une fois de plus, dupes des mots. Dès
lors il convient de démêler ici trois éléments
entre lesquels se fait à chaque instant un accord,
un compromis plus ou moins durable, et dont
chacun est tour à tour pris comme principe :

1º L'intérêt social, qui, en fait, domine les
autres et tend à ériger en fin suprême le fait de sa
puissance. « Au-dessus du Droit il y a la vie, la
vie sociale et nationale (1). » C'est son besoin de
vivre au-delà de la génération présente que la
Société affirme en protégeant la vie de l'enfant,
en la posant comme l'objet d'un droit. Et son
action est nécessaire; mais au fond c'est son propre droit qu'elle impose. L'enfant n'est qu'un
moyen, au service et à la merci de l'intérêt, de
l'égoïsme collectif. A moins qu'on ne conçoive
au-dessus de la collectivité d'aujourd'hui et de
demain une cité idéale vers laquelle elle devrait
tendre et dont la raison serait la loi; mais ceci
est autre chose. D'autre part, en affirmant au
nom de l'intérêt public le droit de l'enfant, on
ne lui assure ni la vie ni la croissance si on se

(1) Von Iehring : *Évolution du Droit*, p. 170 ; cité par Charmont, p. 92.

contente de le faire respecter et si on n'impose pas à d'autres individus, parents ou fonctionnaires, le dévouement et le sacrifice. Mais ceci encore nous conduit à une autre idée du droit, qui dépasse la justice, surtout la justice positive, ou la définit autrement puisqu'elle y fait entrer l'amour.

2° L'intérêt de l'enfant, candidat à la vie d'homme, et qui a besoin d'être respecté et secouru pour répondre à sa destinée. Mais ce n'est pas un principe de droit si on ne dit pas pourquoi cet intérêt est plus respectable que d'autres, pourquoi en cas de conflit il doit l'emporter sur celui d'autres êtres dont il gêne le bonheur. Incapable de faire respecter sa faiblesse, l'enfant, dans ce conflit d'intérêts et de besoins, n'a aucune garantie; et s'il est infirme, malingre, anormal, incurable, l'intérêt collectif le condamne à disparaître.

3° Une raison vivante, progressive, qui soutient et élève la conscience commune et qui, travaillant à une systématisation toujours plus large et plus forte, est ainsi, non pas la fille, mais la mère de la Cité. Toutefois il faut s'entendre sur le rôle qu'on lui attribue. Elle assure le principe du droit de l'enfant si elle est prise comme norme et comme règle. Elle le laisse incertain si elle n'est elle-même qu'un moyen au service d'un intérêt empirique.

Mais ne pourrait-on trouver une formule de l'accord nécessaire entre ces éléments, une synthèse des fins idéales et des exigences prochaines, de la raison et de la nature, comme doivent être toutes choses humaines ? Car il est à la fois impossible de ne pas faire de chacune d'elles un principe, et d'en faire le seul principe. La raison est caractéristique de l'homme ; elle vit en lui ; elle est l'ouvrière de ses œuvres les plus hautes et des formes les plus hautes de la société. Mais elle se heurte au fait naturel ; elle trouve dans la nature à la fois sa limite et sa matière ; elle ne produit rien qu'avec elle et suivant ses lois mêmes.

Or, précisément, la philosophie du droit moderne se trouve, dit-on, dans le solidarisme qui, reprenant avec un autre esprit l'idée chrétienne de la réversibilité des mérites, concilie le principe rationnel du quasi-contrat et le grand fait de la solidarité. Pour l'enfant on justifie l'intervention légale, on fonde son droit en présumant ce que voudrait sa volonté si elle était libre (1). Il sera donc supposé avoir contracté en

____

(1) V. P. Pic : *La Protection légale des travailleurs*, p. 14. Alcan, 1909.

naissant, pour définir ses relations avec ses semblables, comme on suppose la volonté de l'absent dans le cas où il faut prendre pour lui une décision urgente. Contrat implicite, présumable parce qu'il est rationnel, et parce qu'il serait réel si la volonté était assez forte, n'est-ce pas celui qui convient aux relations avec l'enfant ? n'est-ce pas ainsi qu'on fera sa place à cette personnalité qui ne peut encore s'affirmer dans les faits ? D'autre part, le quasi-contrat ne fait que traduire en langage juridique la solidarité naturelle, l'interdépendance qui nous lie les uns aux autres. Il transpose sur le plan du droit, en l'idéalisant, en la rationalisant, cette solidarité qui dans le fait n'est pas toujours morale, ou plutôt n'est jamais qu'amorale. Le droit de l'enfant exprimera donc sur ce plan idéal le fait naturel qui unit à l'être nouveau ceux qui l'entourent et la société même. S'il naissait adulte, il poserait tout de suite vis-à-vis d'eux sa personnalité comme respectable en l'insérant dans le réseau des actions et réactions sociales. Ainsi au quasi-contrat on demandera la forme du droit, à la solidarité le contenu. Synthèse séduisante ; est-elle légitime ici ?

Tout d'abord, cela est désormais acquis, le *fait* de la solidarité ne dit pas à lui seul s'il faut s'y soumettre ou essayer de s'y soustraire, la subir, la vouloir ou l'exploiter à son profit. L'auteur qui a défini la philosophie de la solidarité a dû reconnaître lui-même qu'elle est dominée par la justice, dont le principe vient de plus haut. Comment y découvrira-t-on le droit de l'enfant ? La justice solidariste est avant tout un ensemble d'obligations dont nous sommes chargés en naissant ; c'est d'abord le poids d'une lourde dette, de tout ce que nous devons au passé. Reprenons ici cette page « classique » de M. L. Bourgeois si bien adaptée à notre sujet : « Dès que l'enfant, après l'allaitement, se sépare définitivement de la mère et devient un être distinct, recevant du dehors les aliments nécessaires à son existence, il est un débiteur ; il ne fera point un pas, un geste, il ne se procurera point la satisfaction d'un besoin, il n'exercera point une de ses facultés naissantes sans puiser dans l'immense réservoir des utilités accumulées par l'humanité.

« Dette, sa nourriture : chacun des aliments qu'il consommera est le fruit de la longue culture qui a, depuis des siècles, reproduit, multiplié, amélioré les espèces végétales ou animales dont il va faire sa chair et son sang. Dette, son langage encore incertain : chacun des mots qui naîtra sur ses lèvres, il le recueillera sur les lèvres de parents ou de maîtres qui l'ont appris comme lui, et chacun de ces mots contient et exprime une somme d'idées que d'innombrables ancêtres y ont accumulée et fixée... etc. Et plus il avancera dans la vie, plus il verra croître sa dette, car chaque jour un nouveau profit sortira pour lui de l'usage de l'outillage matériel et intellectuel créé par l'humanité » (1).

Voilà qui est très net. L'enfant naît chargé de dettes, et il ne sera libre que quand il sera libéré, quand il aura payé. Aucune formule ne peut nier plus décidément le droit de l'enfant, et si on finit par le trouver quand même dans le solidarisme, ce sera sans doute par une subtile et équivoque interprétation.

Pourtant, s'il y a des débiteurs, c'est qu'il y a des créanciers ; et à qui chacun de nous paiera-t-il ce qu'il doit au passé sinon à des êtres présents ? Le passé est mort, et ceux-là ne sont plus à qui nous sommes, à la lettre, redevables. Or, M. Bourgeois dit précisément que parmi les hommes il y en a qui naissent créanciers des autres : ce sont ceux qui, de cet héritage commun, ont reçu moins que leur part, à savoir les déshérités, les humbles, etc. La justice solidariste leur accorde un droit primordial. Ce ne sera donc pas encore le droit général de l'enfant,

______

(1) V. Bouglé : *Solidarisme et libéralisme*, p. 9.

de tout enfant. Car celui qui n'est ni misérable, ni chétif, ni difforme n'aurait donc aucun droit ; celui-là, avant même de pouvoir payer, sans qu'on sache s'il le pourra jamais, n'aura que des dettes ou des devoirs. Il faudrait donc, sans quoi la solidarité se tournerait contre lui, entendre les choses autrement, revenir à un principe plus égalitaire ou plus large, à un quasi-contrat général qui assurerait d'abord et à tous les enfants le droit de vivre et de grandir puisqu'ils ne peuvent autrement entrer en possession de leur part d'héritage.

Mais comment présumer la volonté de l'enfant, et lui attribuer le vouloir vivre ? Puisque nous sommes en pleine métaphysique, qui nous autorise à affirmer que cette volonté virtuelle ou nouménale accepte ou choisit cette destinée, cette période d'existence phénoménale ? Et ne suffirait-il pas pour l'en détourner de cette première clause du contrat qui l'accable d'une dette infinie ? D'un point de vue plus positif et juridique, que signifie ici le quasi-contrat ? En principe, ce ne peut être que l'imitation ou l'analogue d'un vrai et réel contrat, et il n'en saurait avoir toute la force. On ne peut, en tous cas, le supposer que pour des cas exceptionnels et comme un pis-aller ; car si on l'étendait à toutes les relations, on supprimerait le contrat lui-même au nom de cette fiction : la contre-façon ruinerait la vérité. Et surtout comment appliquer cette fiction à l'enfant? Supposer ce que serait la volonté si elle était libre, cela se conçoit pour celui qui a déjà voulu, pour l'adulte esclave ou contraint. Un ouvrier, par exemple, est considéré comme en état d'infériorité dans une négociation avec le patron si la misère le menace ; un homme qui a le couteau sous la gorge n'est pas libre de promettre ou de refuser. L'absent qui ignore que sa maison menace ruine est incapable de faire le nécessaire pour la sauver. Il est plausible de présumer ce qu'ils voudraient et feraient s'ils étaient libres. Mais pour l'enfant cela n'a aucun sens. Le supposer traitant d'égal à égal, en pleine conscience et possession de sa volonté et de son droit, c'est supposer qu'il n'est pas enfant. C'est supprimer, non plus seulement une gêne accidentelle, mais sa nature d'enfant. Dira-t-on qu'on ne fait que présumer sa volonté d'adulte, celle qu'il aura quand il aura vécu et connu le bienfait de la vie? Cercle vicieux, ou pétition de principe. Car il s'agit justement de savoir d'où vient pour lui le droit de vivre, de prendre une place, de devenir adulte. Et d'un autre point de vue, lui qui n'a pas demandé à naître, comment sait-on qu'il trouvera la vie bonne et valant la peine d'être vécue, qu'une fois renseigné il en voudra les bienfaits au prix des charges ? Le quasi-contrat tiendrait-il si l'absent dont on répare la maison avait plus à payer qu'elle ne vaut ou qu'il ne l'estime ?

Pour rendre à ces idées une valeur et un rôle, il faudra, soit un principe qui domine tous ces faits et la solidarité même, soit un contrat, plus ou moins implicite, qui lie, non la volonté de l'enfant à d'autres, mais des volontés positives et adultes à des obligations envers l'enfant. En tous cas les théories du Droit de l'homme ne valent pour l'enfant qu'à mesure qu'il cesse de l'être et devient homme. L'assimilation est dangereuse, et la réciprocité de justice ne lui garantit ni le droit ni le pouvoir de le devenir. Toute idée est fausse qui, pour l'affirmer, l'isole ou l'oppose.

C'est pourquoi la thèse même des droits de l'enfant a d'abord quelque chose de choquant pour ceux qui aiment le plus et le mieux l'enfant. L'amour et l'abnégation dépassent tellement la pure et stricte justice qu'ils sont offensés de se voir imposer une loi de justice comme s'ils étaient soupçonnés de manquer à leur tâche, ou invités à trouver suffisant ce qui est strictement exigible et à réclamer leur droit à leur tour contre l'enfant. Si la défense juridique exercée par la force publique paraît légitime et nécessaire contre ceux qui n'aiment pas l'enfant, qui ne sont père et mère que par accident et malgré eux, contre les parents dénaturés, c'est dans des cas d'exception et de droit pénal : ici vraiment « le droit naît du délit (1) ». Pour tous les autres, c'est-à-dire pour toute la vie normale et naturelle, l'affirmation d'un droit et de ses limites est inutile, puisque la mesure en est toujours dépassée par l'amour, qui ne se mesure pas et se donne tout entier ; elle est funeste, car elle risque de décourager l'amour même, qui seul est toujours nécessaire et seul peut suffire. C'est ici que semble juste la théorie d'A. Comte. L'idée de droit est de nature anti-sociale, tendant toujours à consacrer l'individualité. « Au lieu de faire consister les devoirs particuliers dans le respect des droits universels, on concevra en sens inverse les droits de chacun comme résultant des devoirs des autres envers lui » suivant la loi d'une « morale profondément active, dirigée par la charité (2) ».

Les mystiques absorbent non seulement le droit, mais le devoir même dans l'amour : *Ama et fac quod vis.* Avant de se demander si l'enfant a des droits et de les traduire en articles de loi,

(1) G. Richard : *Origine de l'idée de droit*, p. 54.
(2) *Cours de philosophie positive*, VI, p. 540, et *Système de politique positive*, I, p. 361.

il faut l'aimer; au lieu d'un respect plus ou
moins distant qui se met correctement et froidement en règle avec le Code, il faut une tendresse
qui aille à l'enfant, se donne à lui et le fasse
vivre au besoin malgré lui. Il est heureux que
la nature et la vie soient plus fortes que le Droit,
et que la mère n'attende pas le juriste!

CHAPITRE III

Le Principe. II

Pour avoir le droit *de* vivre et *d*'agir librement, il faut donc avoir ce qui manque à l'enfant, une force, une valeur dignes de respect et que la coutume ou la loi ne font que définir. Pour s'imposer il faut être quelqu'un; pour contracter il faut être une volonté responsable. L'enfant n'est rien de tout cela. Pourtant n'est-il pas absurde aussi de déclarer qu'il n'a aucun droit, et, donc, que tout est permis vis-à-vis de lui? Personne ne voudrait le dire, ni le penser. Ceux qui repoussent ici l'idée stricte du droit ne la trouvent pas excessive, mais trop pauvre et comme misérable, parce qu'ils sentent tout ce qu'on doit à l'enfant, et qui est infini. Une mère ne souffre pas qu'on lui parle des droits de son enfant et de ce qu'il pourrait exiger; mais c'est que, pour elle, il a tous les droits. Et d'autre part on ne réussit pas à trouver le principe

ni de ce droit exorbitant, ni même d'un droit
de stricte justice. L'antinomie est-elle insoluble ?
Oui, si on s'obstine à vouloir fonder le droit de
l'enfant, comme celui de l'homme, sur une base
de justice égalitaire. Mais qu'est-ce que le Droit,
sinon un système de relations idéales et conçues
comme exigibles ? Or, depuis un siècle un mouvement d'idées s'est accentué qui tend à considé-
rer comme légalement exigibles toutes les relations conçues comme idéales ; autrement dit à
réaliser par la loi de la cité positive l'ordre d'une
cité de Dieu. Au lieu de distinguer, comme en
1789, la justice proprement dite de la charité, il
tend à faire rentrer la charité même dans la justice. Et cette idée aussi a ses origines dans la
doctrine révolutionnaire, ou plutôt dans une des
doctrines de la Révolution (1), dont des écoles
très diverses se disputent aujourd'hui encore
l'orthodoxie. En réalité, c'est la théorie du droit
divin transposée dans la Société positive ou laïque ; et c'est une véritable transformation de l'idée
du droit qui lui assigne pour objet, non plus le
respect de libertés données et égales, mais le
bonheur de tous les individus, y compris ou
avant tout celui des moins heureux. Il ne s'agit
plus de *laisser* à chacun d'eux ce qu'il tient de

---

(1) Celle de la *Déclaration* de 1793.

la nature ou qu'il a librement et légalement conquis, mais de lui *procurer* ce qui lui manque, soit pour la vie, soit pour le bien-être. Il ne s'agit plus d'un *droit de* ..., mais d'un *droit à* ... Le premier est le droit d'agir ou de s'abstenir à son gré; c'est la liberté pour celui qui a force et volonté d'en user entre certaines limites. Et c'est pour les autres l'obligation, toute *négative*, de respecter par leur *abstention* ses démarches ou son attitude. Droit limité pour chacun par celui des autres, mais qui laisse chacun à soi-même, libre et maître chez soi selon ce qu'il peut faire. C'est l'autonomie d'êtres forts vivant en société, ou plutôt d'êtres libres, n'eussent-ils d'autre force que leur liberté. Tels sont les droits de travailler ou de ne rien faire, de s'embaucher ou de refuser le travail, d'en demander ou d'en offrir, de dépenser ou d'épargner, de contracter ou d'agir seul, de manifester sa pensée ou de la taire, de vivre enfin si on veut et si on a de quoi.

Tout autre est le *droit à ce qu'on n'a pas*, ou droit pour un individu à *recevoir*, même sans rien faire. C'est pour les autres l'obligation, toute *positive*, de lui fournir ce dont il a besoin. C'est déjà, dans la conception classique et d'après le Code ancien, le droit du créancier : du prêteur à l'échéance, du propriétaire au moment du terme,

du travailleur à la fin de la journée, de la semaine
ou du mois ; droit à recevoir, mais qui résulte
encore d'un contrat formel et libre. La nouveauté
est de l'étendre à d'autres cas, souvent par une
confusion ou équivoque inconsciente. On dit
indifféremment : « droit de vivre ou de travailler », pour : « droit à vivre, à travailler ». Rien
n'est plus différent pourtant, et il faut au moins
s'entendre et parler clair. Car si un individu a
droit *à* vivre, c'est qu'un autre ou d'autres ont,
jusqu'au sacrifice d'eux-mêmes, le devoir de le
faire vivre. En face d'un homme qui a droit *au*
travail, il faut que quelqu'un se trouve qui sera
tenu de lui fournir du travail, avec les outils
sans doute et la matière première. Le rapport
est donc renversé, et met à la charge, non plus
de celui qui veut vivre ou travailler, mais de
ceux à qui il s'adresse le soin d'en trouver ou
d'en créer pour lui les moyens. Et l'on découvre
ainsi des créances toutes semblables aux anciens
privilèges, aux droits du seigneur, pour d'autres
bénéficiaires, cela va sans dire. Pourquoi pas
pour tout le monde ? N'est-ce pas une loi de
l'histoire que le droit commun commence par
le privilège ? Ainsi en est-il sans doute pour tout
homme du droit au bonheur. Chacun de nous a
droit, non pas *d*'être heureux et de se faire l'ar-
tisan de son bonheur, mais *à* recevoir les con-

ditions et moyens du bonheur. Reste à trouver le débiteur et le garant de cette hypothèque, le répondant.

Du moins on ne refusera pas d'en reconnaître le bénéfice à tous ceux qui sont en risque de mourir, et qui ont besoin d'être assistés parce qu'ils sont, momentanément ou non, au-dessous de la condition et de la liberté humaines, aux miséreux et aux infirmes, aux anormaux et aux incurables, aux malades et aux vieillards, à tous les faibles. *Res sacra miser*. Ce sera donc le *droit des faibles*, ce privilège des petits qui trouve de plus en plus faveur auprès de l'opinion, publique ou parlementaire, et qui passe de plus en plus dans la loi. Et cela devient une règle de l'égalitarisme moderne que ceux-là soient dégrevés ou indemnisés qui, avec les mêmes droits, ont moins de forces pour supporter les charges communes. C'est la pitié traduite en droit, la religion de la souffrance s'exprimant en justice définie et garantie, le devoir d'aînesse passant dans la loi : droit vraiment moderne, et qui ouvre une ère à la fois de laborieuses conquêtes et de radieuses perspectives.

A chacun selon sa faiblesse. Quel est le principe de ce droit nouveau, et quelle en est la portée? Que le besoin appuyé de la force crée le droit et fixe la loi, c'est ce que l'histoire nous montre souvent, et c'est une façon d'entendre le droit naturel. Mais comment la faiblesse, jointe au besoin, qui est lui-même une faiblesse, consacrerait-elle la valeur d'un individu, et obligerait-elle la force des autres à lui sacrifier leurs propres désirs? La souffrance non plus, qui peut prendre un si grand sens, ne paraît pas être par elle-même une valeur, sans quoi il faudrait la prolonger et renouveler, comme font les ascètes, au lieu de la soulager. Que la pitié vienne en aide au faible, que l'amour le relève et lui rende des forces, rien de mieux. Mais c'est toujours la force qui vaut, non la faiblesse. Et d'autre part, si cet élan est généreux, si cette passion est belle, la liberté est condition de cette beauté même. Comment traduira-t-on la passion en devoir strict, l'élan d'amour ou de piété en geste réglé et commandé? N'est-ce pas une contradiction d'imposer par la loi et la force publique l'amour et le sacrifice?

On la résout précisément en réduisant l'amour à la justice au nom de l'humanité ou plutôt au nom de la juste solidarité, avec ou sans le quasi-contrat. Quand on songe en effet à tout ce que les heureux et les forts d'aujourd'ui doivent au passé, aux accidents et aux injustices dont ils ont le bénéfice, aux inégalités dont il ont hérité les avantages, n'apparaît-il pas qu'en donnant aux autres ils ne font que rendre, et que leur charité est, non pas un don, mais une restitution de soi? Plus on a, plus on doit. On doit à tous ceux qui actuellement n'ont rien ou n'ont pas assez; ils ne recevront ainsi que la compensation des privilèges du passé dont ils sont, directement ou par hérédité, les victimes. Au lieu de dire que tout est dû à ceux qui possèdent, il faut dire : Tous les droits à ceux qui n'ont rien et qui devraient avoir autant que les autres.

Est-ce bien la justice ou une forme de la justice? Y a-t-il là un principe positif et vraiment juridique? Sera-ce enfin le droit de l'enfant? Voici les difficultés qui se présentent.

D'abord on n'y découvre aucun contrat ou quasi-contrat. Les volontés qui sont ici obligées et qu'on déclare libres, puisqu'on les oblige, n'ont eu à aucun moment à connaître et discuter les clauses d'un traité. N'ayant rien pris à personne, dirait chacune d'elles, à qui faut-il donc que je me restitue? Et si j'appartiens à d'autres avant d'avoir conscience de moi, si rien de moi-même n'est à moi, que parle-t-on de droit et de contrat? Sans doute, il suffit qu'elles aient accepté la vie avec les avantages de leur condition, et qu'elles continuent d'en jouir pour en avoir implicitement assumé les charges. Mais, outre qu'on ne leur reconnaît pas le droit d'en

sortir comme d'une association de contrat, c'est
précisément ce cahier des charges et leur étendue
qui est ici en question. La dette est, dit-on, illi-
mitée comme les injustices du passé; chacun de
ceux qui en profitent n'a le droit *d*'être heureux
que si tous le sont, et chacun de ceux qui ne le
sont pas a vis-à-vis de lui le droit *à* l'être. Le
débiteur ne sera libéré que le jour où tous les
créanciers seront libres comme lui. — Il lui faut
donc désespérer de s'acquitter, ce qui n'engage
pas à commencer; car il faudrait être Dieu pour
y réussir. Éternellement insolvable, ce ne serait
pas assez de donner tout ce qu'il a et son existence même. Si bien que pour avoir le droit,
réclamé pour tous les hommes, de jouir de la
vie, les privilégiés devraient d'abord sacrifier la
leur à celle des autres et à leur mieux-être.
Impuissants à assurer ce droit des faibles, ils se
sentiront pourtant toujours responsables, et coupables de n'y point suffire; leur seul salut sera
de devenir ou de se rendre à leur tour misérables
pour retrouver ce droit précieux d'être à la
charge des autres. Mais surtout on voit sur quel
optimisme simpliste repose la thèse quand on la
prend en sa rigueur logique. Elle admet, sans
preuves, qu'il est possible que la vie soit bonne,
également bonne à tous, et de la même façon,
et que cela est juste et nécessaire. Avec quelle

simplicité aussi on établit en général ce compte de *doit* et d'*avoir*! On ne songe qu'à la richesse, je dis à la richesse matérielle. Ceux qui naissent sans capital sont misérables et victimes, eussent-ils par ailleurs la plus grande vigueur du corps ou de l'esprit. Ceux qui naissent riches ont tous les bonheurs, fussent-ils des sots ou des dégénérés. On ne fait même pas entrer en compte ce grand fait social, qui est pourtant bien une loi de solidarité, à savoir qu'en moyenne ceux qui ont les biens du présent n'auront pas ceux de l'avenir. Les fils ou les petits-fils des riches d'aujourd'hui dont on envie la fortune sont presque condamnés à la dégénérescence; et les riches d'après-demain seront les descendants de quelques pauvres de maintenant. Et que dire de toutes les conditions morales du bonheur, de cet équilibre de l'esprit et du caractère qui manquent souvent aux plus fortunés, de cette sagesse qui sait s'arrêter à temps dans la jouissance ou le désir, et qui leur manque presque toujours en raison même de leur fortune? La justice solidariste est donc autrement complexe qu'on ne veut dire.

Il y a plus. Est-il bien sûr que les faibles ne soient jamais que les victimes des forts? Toute force est-elle brutalité de bourreau ou d'exploiteur? Toute faiblesse est-elle résignation ou impuissance d'exploité? Si peu qu'il y en ait, et plus qu'on ne pense, il y a des robustes et des « possédants » qui ne doivent leurs forces qu'à un honnête labeur, personnel ou familial, à une sage conservation et administration des énergies de la race. Inversement, il y a des débiles et des ruinés qui ne sont victimes que de la paresse, de l'imprévoyance, de l'ardeur à jouir et à brûler la vie. En bonne justice (car il n'y a plus à parler ici de la charité), sont-ils donc les créanciers des premiers? Et si leurs enfants naissent faibles, seront-ils victimes des heureux et des forts? Ne faudra-t-il donc pas, pour être juste, distinguer entre ceux qui ont souffert de la brutalité, ou du hasard (dont il restera à répartir les charges), et ceux qui portent la peine de leurs vices? A moins qu'on ne reconnaisse ni vertu ni vice, ce qui supprimera droits et devoirs; à moins encore qu'on ne veuille accuser les parents sains et vaillants qui élèvent bien leurs enfants de faire tort aux autres en les avantageant ainsi. Il faudra donc, pour ne pas manquer à la justice égalitaire, renoncer à bien élever ses enfants. Ou plutôt il faudra renoncer à les soigner soi-même, et les livrer dès la naissance, comme dans la cité platonicienne, à l'élevage public. La thèse va logiquement jusque-là, jusqu'à ce collectivisme dont s'enchantait l'intellectualisme de Platon, jusqu'à la suppression de la famille; il faut avoir le courage de le voir, et, si on le voit, de le dire. Elle y va sans atteindre la forme de justice qu'elle poursuit. Car on ne fera pas que les enfants naissent égaux, et qu'il n'y ait des faibles et des forts, suivant l'usage que les parents auront fait de la vie. Il faudra aller plus loin encore, régler les naissances en réglant les fécondations, comme celles des animaux de la ferme et avec plus de science encore, jusqu'au jour où on produira artificiellement les enfants suivant un modèle unique, comme des poupées ou des soldats de plomb. Jusque-là il y aura des injustices; et à ce moment la justice n'aura plus de sens.

Laissons ces utopies, qui ne font pourtant que traduire le principe de cet égalitarisme. Dans la condition proprement humaine, la vie, non seulement peut-elle, mais doit-elle être heureuse pour tous, et n'a-t-elle pas d'autre sens, ce qui condamnerait le moins heureux au pessimisme et au suicide? Mais la thèse religieuse, qu'on ne réfute pas, fait de la vie une épreuve et ne place qu'au delà le bonheur complet que l'homme peut désirer et mériter. Ou bien encore la justice veut-elle qu'on sacrifie au soulagement des misères les ressources des forts? Mais il y a une thèse qui précisément déclare injuste autant que nuisible cette conservation des déchets et des non-valeurs, ce prétendu droit des faibles. Et celle-ci est toute positive, fondée sur le principe de l'intérêt social. Elle a été souvent reprise; on sait comment la défendent le positivisme de Spencer ou celui de M. Durkheim. Wells dit aussi, très fortement : « Dans la vision nouvelle, la mort n'est plus une horreur inexplicable..., mais la fin de l'amertume de l'échec, la miséricordieuse suppression de ce qui est faible, infirme, inutile. La vie sera un privilège et une responsabilité... L'alternative unique sera de vivre pleinement, superbement, efficacement, ou de mourir... Les gens qui ne peuvent vivre tranquillement et librement dans le monde sans gâter la vie des autres sont mieux hors du monde (1). »

En résumé, on comprend que Bossuet dise aux riches, au nom d'un principe de justice divine : « Venez donc, ô riches, dans l'Église de Dieu; la porte enfin vous en est ouverte; mais elle vous est ouverte en faveur des pauvres, et à condition de les servir..... Riches, portez le fardeau du pauvre... mais sachez qu'en le déchargeant vous travaillez à votre décharge; lorsque vous lui donnez, vous diminuez son fardeau, et il diminue le vôtre; vous portez le besoin qui le presse, et il

____

(1) *Anticipations*, traduction française, pp. 340-344.

porte l'abondance qui vous surcharge. Communiquez entre vous mutuellement vos fardeaux, « afin que les charges deviennent égales » : *ut fiat aequalitas*, dit saint Paul (1). » Mais qu'au nom d'un droit strict et positif, d'une justice égalitaire et légale, on commande à ceux qui peuvent jouir du bien-être d'y renoncer pour l'assurer aux autres, cela est illogique et pratiquement impossible. Opposer le faible au fort, c'est du reste le lui rendre antipathique et inviter celui-ci à défendre son propre bonheur. Si le bien-être vaut pour celui qui le réclame, pourquoi ne vaut-il pas pour celui qui le possède? Et pourquoi faut-il, par un privilège retourné, que seul y ait droit celui à qui il manque? Si le bonheur est le principe, le mien en vaut un autre, et pour moi il vaut plus que tous les autres; il est tout. C'est le plus fort qui s'en emparera ou le gardera. Le besoin seul ne crée pas le droit. Il n'y a pas de droit des faibles.

Il y en a un, au contraire, si le principe de la vie est au-dessus d'elle, et domine le bien-être même comme les obstacles qu'y oppose la matière. Si nous ne pouvons pas nous résoudre à confondre la justice avec le droit des forts, le fait avec le droit, c'est que nous reconnaissons en tout

(1) *Sermon sur l'éminente dignité des pauvres.*

homme une valeur qui dépasse sa force et le fait respectable. Si petit et si humble qu'il soit dans l'ordre des faits, il y a en lui une grandeur qui est d'un autre ordre, une noblesse dont les titres sont ailleurs. Si impuissant qu'il soit à se faire valoir dans la concurrence vitale et à soutenir sa vie, il reste un esprit, une conscience, une âme qui garde sa place dans la cité, idéale ou transcendante, des esprits. Et c'est pourquoi toute conscience proteste contre sa déchéance et sa misère physiques. Plus il est faible, et plus vivement, surtout si l'esprit garde sa dignité, nous sentons le contraste; plus il nous paraît anormal, « injuste » qu'une âme humaine soit si maltraitée en ce monde. S'il est faible d'esprit ou moralement déchu, nous refusons de le croire condamné à la mort morale; nous avons malgré tout confiance que le relèvement est possible, et que ce qu'on ne voit pas est supérieur à ce qu'on voit. Sans doute il y a là une métaphysique; mais c'est elle qui soutient l'égalitarisme même; car il n'a point de fondement positif. Et c'est la seule qui donne un sens à cette idée du droit des faibles, à cette justice transcendante, plus juste que le droit positif, et que Leibniz appelle la charité du sage. Loin de supprimer l'amour ou de l'absorber dans la justice, elle le réclame comme un principe, et cette métaphysique ne saurait être tout intellectualiste. C'est l'amour qui fait le lien des âmes et qui, refusant de voir dans les biens positifs la mesure des valeurs, les rapproche par en haut dans une invisible cité. Ainsi le droit des faibles n'est pas fondé sur leur faiblesse, mais sur ce qu'il y a en eux, malgré tout, malgré l'évidence sensible, de grandeur, de force aussi bien, mais morale et transcendante. Il est donc illusoire de lui chercher un principe positif, soit dans la solidarité des phénomènes, soit dans un calcul de *doit* et d'*avoir* faisant à chacun sa part de bien-être, soit dans un contrat de volontés équilibrant leurs intérêts. Et s'il est légitime d'en essayer des définitions de plus en plus précises, il est contradictoire d'en éliminer l'amour ou la charité et de lui donner comme objet essentiel le bien-être. S'il convient de l'opposer aux misères physiques, il est absurde de l'étendre jusqu'à l'impossible, d'en faire une créance irrécouvrable dans un monde où la matière limite notre pouvoir sinon d'aimer, du moins d'agir. C'est une créance d'amour et qu'on ne recouvre jamais complètement par une contrainte légale.

Ainsi défini, ce droit des faibles ne sera-t-il pas celui de l'enfant? L'enfant n'est-il pas par nature l'être faible qui paraît avoir tous les droits comme tous les besoins, et n'est-ce pas en lui que se résout le plus simplement l'antinomie qui

nous arrêtait tout à l'heure? Le droit à vivre pour
l'infirme, pour le vieillard inutile, peut être discutable; celui de l'enfant ne semble pas l'être.
Res sacra puer. Sans doute il n'a pas donné la
preuve de cette dignité de l'esprit que nous
opposons à l'infirmité physique; mais il est un
être humain, en qui n'en saurait manquer le principe, tôt ou tard manifesté. Ce n'est pas tout. En
analysant sa condition d'enfant, on y découvre
un autre principe de son droit. En lui la faiblesse
n'est que provisoire : il y a en lui un besoin,
une impatience d'être fort et la capacité de le
devenir. Cela même est déjà une force, et qui
s'augmente en se dépensant. L'enfant n'est pas,
on ne saurait trop le rappeler, un homme en
raccourci, mais un homme en croissance, plein
de promesses et plus riche, en un sens, que l'a-
dulte même qui jouit du présent, puisqu'il a
devant lui et pour lui tout l'avenir.

Et voilà sans doute le principe d'un droit
nouveau, supérieur au droit des faibles lui-même.
Le créancier, c'est ici l'avenir ; il n'en est pas
dont le droit soit plus naturel. C'est aussi le
créancier le plus légitime ; car son droit n'invoque ni la tradition du passé, ni la force du
présent, mais les valeurs nouvelles qui les
dépassent et les doivent remplacer. Créancier
perpétuel dont l'hypothèque ne saurait être ni

levée ni périmée, mais se renouvelle tous les jours, puisque l'avenir, jamais atteint, se dérobe à nos prises en nous laissant chargés de devoirs nouveaux. « Nous n'avons pas de devoirs envers le passé auquel nous ne pouvons rien; nous en avons envers l'avenir dont nous disposons...; c'est de demain que nous sommes responsables (1). » Seul l'avenir peut recevoir de nous quelque chose : c'est à lui seul que nous pouvons et devons payer. Chacun de nous est ainsi indéfiniment et tout entier obligé : chaque génération est tenue de se donner à celle qui suivra. « Il faut, dit Nietzsche, regarder vers le berceau, non vers la tombe. » Et c'est en ce sens qu'on pourra dire que la patrie est la terre, non de nos pères, mais de nos fils. Voilà bien un *droit à recevoir*, dont le principe apparaît ici plus simple et plus tangible; et ce sera le droit de l'enfant. Il ne doit rien, et tout lui est dû; il n'appartient à personne et n'a point de devoirs. Ce sont les parents qui ont vis-à-vis de lui tous les devoirs, qui lui appartiennent; lui, qui est l'avenir, il a tous les droits.

Prenons garde au mirage des formules, et à la magie de ce mot qui met en branle toutes nos imaginations : l'*Avenir*. Prenons garde d'en

(1) Goblot : *Revue Universitaire*, déc. 1907.

entendre trop simplement l'idée, ou plutôt de l'enrichir d'un contenu que l'analyse positive devra lui refuser.

L'avenir sans doute paraît infiniment supérieur au passé qui n'est plus et ne sera jamais plus, au présent qui va mourir, qui est déjà passé. L'action lui appartient tout entière ; la jouissance et la souffrance du passé ne sont rien, et celles de l'avenir nous excitent et nous troublent plus que celles du présent ; demain nous saurons plus et nous comprendrons mieux. C'est donc l'avenir qui vraiment nous prend tout entiers. Nous n'avons rien à attendre que de lui ; le meilleur de notre être, que dis-je, tout notre être est à chaque moment dans l'avenir : le *Futurisme* a raison. C'est l'enfant qui est le père de l'homme. Il est donc seul respectable.

Il faudra donc aussi que le mot *respect* perde son sens originel, et ne signifie plus le sentiment qui nous porte à regarder en arrière. Il faudra refuser le respect à ceux qui n'ont plus d'avenir, aux vieillards, aux mourants, aux morts et à leur mémoire. Cela est assez moderne, peut-être, mais n'y a-t-il pas dans cette conséquence rigoureuse de l'idée quelque chose qui malgré tout nous choque, et nous met en défiance sur le principe ? En voici d'autres. La tradition, quelle qu'elle soit, ne vaut rien, n'étant que le passé, devant ce droit souverain de l'avenir ; les promesses non plus, ni les engagements ou contrats qui prétendent assujétir l'avenir au passé. Demain ne doit rien à hier, ni à aujourd'hui. Le fils ne doit rien au père. Et ainsi disparaît toute *reconnaissance* comme aussi, logiquement, la valeur de la durée et de l'identité personnelles, la fidélité à soi-même et la continuité. Enfin les faibles n'ont plus de droits, non pas seulement les vieillards, mais tous ceux dont l'avenir est le moins assuré, le plus aléatoire.

Il y faut donc regarder de plus près. Pourquoi l'avenir serait-il plus respectable, ou seul respectable ? Il est moins positif que les services passés et la force présente ; ce qui est réel, c'est ce qui reste du passé, c'est le présent, héritier de toute cette richesse, et sans lequel l'avenir même ne serait qu'un temps vide, ne serait rien. Car ce n'est pas l'avenir pur, pris simplement comme tel et comme moment du temps, qui a une valeur supérieure. Un moment ne vaut pas plus qu'un autre et par sa seule place dans la série ; mathématiquement, comme objet de pensée pure, il n'est qu'un point ou un cadre vide, sans valeur. Ce qui pourra valoir, c'est ce qui y prendra place ; et nous ne pouvons pas dire que tout ce qui occupera l'avenir vaudra par cela seul mieux que tout ce qui est passé ou ce qui se passe aujourd'hui. Le temps n'est pas une table des valeurs (1).

Ce qui est incontestable, et qui fait illusion, c'est que nous ne pouvons modifier que l'avenir. Mais il faut distinguer *pouvoir* et *devoir*. Nous ne pouvons agir que sur l'avenir, ou plutôt en vue de l'avenir ; car c'est sur le présent que nous agissons, mais en regardant au delà, qu'il s'agisse d'une échéance lointaine ou de l'instant qui va suivre. Si près qu'il soit, il n'est pas encore quand nous commençons d'agir. Toute intention, toute action vise l'avenir. A ce point de vue, c'est la nature même de l'action, nous sommes inévitablement *futuristes* ; nous vivons *pour* ce qui n'est pas encore et qui va être.

Tout autre est la question du devoir que nous avons envers lui, ou du droit de l'avenir. D'abord, s'il est autre chose qu'une succession formelle de moments, s'il s'agit du contenu qui seul ici nous peut intéresser, et *de ce qui* remplira ce cadre du temps, l'avenir est pour nous indéterminé. Sans quoi la question de l'action et du devoir ne se pose pas. Si tout ce qui arrivera est dès maintenant et infailliblement arrêté, il

(1) Cf. les théories relativistes modernes de Langevin, Einstein, etc.

n'y a plus d'acte, ni d'intention, ni de dette ; tout cela n'est qu'illusion. Du point de vue intellectualiste pur l'avenir ne comporte aucune obligation. Il faut, pour donner un sens à la question, admettre une certaine contingence. Dès lors à quoi ou à qui devons-nous ? L'avenir ainsi envisagé n'est pas encore ; il ne sera peut-être pas : comment ce néant nous obligerait-il ? Ce n'est qu'une condition formelle de l'action, ce qui la rend possible, non ce qui la rend valable ; ce n'est qu'une possibilité, une pluralité et diversité d'hypothèses, non une loi. Il faut chercher ailleurs que dans la pure futurition, nécessaire ou possible, un *principe* de l'action, un *but* qui l'oriente, la dirige et nous fasse un devoir de sacrifier le présent.

D'autre part, l'idée même de cette obligation implique : 1° que le présent est lié à l'avenir par une continuité qui domine l'un et l'autre, et qui substitue à l'idée de temps celle de durée ; l'avenir n'est plus seul à avoir un intérêt ; 2° que, si le présent est obligé envers l'avenir, un principe plus haut encore doit dominer cette continuité même et cette durée. Pour réclamer un progrès vers le meilleur il faut poser une fin qui ne soit pas seulement l'avenir, indéfiniment fuyant dans cette série irréversible d'instants, mais un bien qui seul donnera un sens à ce progrès et à cette obligation. Mieux encore, s'il est contingent, comme il le faut ici, l'avenir peut, au point de vue de cette fin idéale, valoir moins que ne vaut le présent ou que n'a valu le passé. Et notre devoir est d'abord de faire qu'il vaille autant. De toute façon l'avenir à lui seul n'est pas un principe ; il donne place au mal comme au bien, aux décadences comme aux grandeurs nouvelles. Ce n'est pas *envers* l'avenir que nous avons un devoir ou une dette à acquitter. Comment serions-nous débiteurs de ce qui n'est rien encore ?

A qui devons-nous au juste ? A celui de qui nous avons reçu ou à celui à qui nous payerons ? On voit l'équivoque du terme. Dans les relations de commerce c'est à une même personne que revient sous une autre forme, quelles que soient les complications de l'échange et les opérations des banques, l'équivalent de ce qu'elle a fourni. L'héritage offre nettement un cas où celui à qui on paye n'est pas celui de qui on a reçu ; et l'enfant apparaîtra comme créancier de ses parents qui lui payent ce qu'ils ont reçu d'ailleurs. Mieux encore, au fond, c'est toujours dans l'avenir que nous avons à payer et au créancier qui vivra au moment de l'échéance. Voilà ce qu'il y a de juste dans la thèse ; mais il faut un lien entre le passé qui a donné et l'avenir qui doit recevoir, et il reste à chercher le principe de l'obligation.

Pour le trouver il faut d'abord concevoir un avenir concret, qui ne soit plus un moment d'un temps discontinu, mais un prolongement déterminé du présent et du passé même. Dès lors il n'est plus tout futur, car la continuité qui les enchaîne ne vient pas du dehors. Il est déjà en puissance, avec la contingence que nous venons de dire, dans le présent qui lui-même est pour une grande part fait du passé. Et ainsi l'avenir est bien, à chaque instant, le but de ce mouvement qui emporte, enroulés l'un dans l'autre à travers la durée, ce qui a été et ce qui est vers ce qui sera. Mais aussi il ne convient pas de les opposer l'un à l'autre, et d'ériger l'avenir en principe comme s'il avait seul autorité et valeur. La table des valeurs ne dépend ni de l'un ni de l'autre, mais de ce qui les remplit, ou plutôt de ce qui les domine et leur contenu même, et à quoi se mesurent les œuvres ou les actes des hommes.

On voit en quel sens, à quelles conditions est juste cette idée du droit de l'Avenir. A la pure futurition il faut ajouter deux conditions naturelles : la continuité et la contingence, et un principe de valeur que chaque philosophie déterminera à son gré, mais qui devra dominer la continuité, la contingence et le temps même ; car il ne sera fondement de devoir et de droit que s'il dépasse les faits.

Appliquons ces idées au droit de l'enfant. Nous en pouvons maintenant rassembler les conditions.

1° L'enfant représente l'avenir, et un avenir contingent. Ce qu'il est n'est rien auprès de ce qu'il sera et pourra être ; il est le devenir même, et l'indétermination qui laisse possibles, dans les limites de la nature humaine, toutes les espérances, toutes les libres entreprises. En lui s'offre toute la contingence que cette nature comporte, parce qu'en lui se rencontrent et se pressent une foule de tendances, dont toutes prétendent à l'acte et dont aucune n'est dès maintenant assurée d'y aboutir. Et cela suffit à réclamer pour lui une attention singulière, non pas à l'imposer au respect, à élever son droit au-dessus de celui du présent, à lui créer un droit. Car nous ne savons ce qu'il sera ou vaudra, et si la simple continuation du présent ne vaudrait pas mieux. Du moins le problème est ainsi posé.

2° L'enfant représente éminemment, essentiellement la continuité. C'est sa caractéristique même d'être un présent qui enchaîne le passé à l'avenir. Non seulement il est, comme tout vivant, en transition perpétuelle dans une durée où il garde son identité d'individu ; mais il est dans le temps le lien naturel et profond entre les individus, le lien des générations. Celle qui le précède vit encore en lui ; il porte le germe de celle qui le suivra. Il est la synthèse mystérieuse des trois moments du temps, l'incarnation de la durée de l'humanité. Il ne faudra jamais l'oublier, ni le détacher du passé, pas plus que de l'avenir ; il ne faudra pas le faire dater de lui-même, ni terminer tout à lui. Il n'est ni un pur commencement, ni une fin absolue à quoi tout devrait être rapporté : il porte le passé vers l'avenir.

L'enfant est donc un faible qui n'est faible que pour un temps, destiné à devenir fort, doué dès maintenant de la force merveilleuse qui le fait croître. Il tend à l'avenir de tout l'élan de la vie qui s'annonce et s'affirme en lui. N'a-t-il pas par là même droit à recevoir, s'il ne peut les atteindre seul, les moyens de vivre et de grandir ? Non, cela ne suffit point à fonder un droit, s'il ne s'agit que d'un élan de vie animale et de l'intérêt d'un nouveau-venu. Si on n'oppose à l'égoïsme présent qu'un autre égoïsme, si on n'invoque, pour décider ceux qui vivent au sacrifice de leur bien-être, que le bien-être de ceux qui vivront après eux, on ne pliera pas leurs volontés à une véritable obligation. Ce sacrifice pourra être naturel, comme il l'est chez les mères en qui cet instinct fait taire tous les autres. Mais il ne sera pas obligatoire ni proprement moral. Cet instinct même n'est-il pas ruiné ou amorti par la réflexion chez celles qui n'y trouvent qu'une duperie parce qu'elles ne demandent à la vie que le plaisir? Au nom de leur bien-être elles refusent d'avoir des enfants, ou, si elles en ont, de les nourrir, de les élever; elles abdiquent leurs fonctions. Et qui dira si l'intérêt de l'enfant est de grandir, et qu'il n'est pas destiné au malheur? « Je ne saurai jamais, dit Nietzsche, s'il aurait mieux valu pour moi être ou ne pas être (1). »

Mais il ne s'agit pas seulement, dira-t-on, pessimisme à part, de l'intérêt de l'enfant. Il s'agit de toutes les générations à venir, dont le sort dépend du sien. Son droit est donc solidaire du leur, et solidement fondé sur le vouloir-vivre de l'humanité. Sans doute en transportant ainsi l'intérêt au-delà de l'individu, au-delà des limites de toute expérience, on peut croire qu'on le transforme et qu'on en fait un idéal, un principe. Il n'en est rien, sauf équivoque, et cela ne

(1) Les suicides d'enfants se multiplient, et témoignent d'un pessimisme plus précoce encore, et plus profond.

suffit pas encore. On n'en change pas la nature
ni la valeur ; si je n'ai que des intérêts à comparer, c'est le mien qui l'emportera ou je serai
un sot. Si même ce doit être celui du bien-être
de l'humanité, on ne fonde pas ainsi le droit de
l'enfant, de tous les enfants, mais seulement
celui des mieux venus et des robustes. Il n'y a
pas de droit pour celui qui naît infirme, anormal, rachitique, ou simplement débile, pour
tous ceux qui seront à charge et ne pourront
même pas payer leur dette en transmettant la
vie à leur tour, car ils ne feraient que la rendre
plus misérable. Encombrants et ruineux dans le
présent, ils le sont plus encore pour l'avenir; ils
prennent sur la part et sur le droit des autres.
Les soins que nous leur donnons sont un crime
contre l'humanité future. Il faut comprendre le
devoir de les tuer et en avoir le courage.

Ils n'auront donc de droit que si l'idéal est
plus haut encore, et si en tout enfant est respectable, non une force physique, mais un élan de
vie morale qui ne s'y réduit pas, une vie de
l'esprit qui tend à l'infini. Il faut qu'il ne soit
pas seulement un anneau de la chaîne naturelle
des êtres, mais un sujet moral possible, l'ouvrier
à venir d'un progrès moral, une conscience qui
transmet à l'âge suivant l'héritage moral de
l'humanité, un membre possible — et normale-

ment destiné à l'être — d'une humanité meilleure, d'une cité idéale ou céleste, d'une société d'âmes. De cette vie et de cette cité chaque philosophie proposera un principe différent, et je ne veux point traiter ici tout le problème métaphysique ou religieux. Je dirai seulement qu'elle ne me paraît point trouver toutes ses conditions dans le temps et l'espace, et qu'elle n'y peut être que plus ou moins heureusement imitée (1). Mais qu'on l'appelle cité des Esprits, de la Raison, ou de Dieu, on devra reconnaître qu'il faut aller jusque-là pour trouver un principe de droit, et du droit de l'enfant.

En résumé, l'enfant exprime d'une part la continuité de la vie naturelle, de l'autre, une possibilité, une espérance plus belle que toutes

(1) Et j'ajoute que s'il ne s'agit que d'une Cité future de l'Humanité qu'adore la religion positiviste, l'enfant ne sera qu'un moyen, ne vaudra que comme moyen, sans avoir jamais la dignité d'un être moral, sans pouvoir être aimé pour lui-même. C'est l'Humanité qui sera en lui et qui vaudra en lui, qu'on respectera et aimera en sacrifiant l'enfant. Sans doute on en a dit autant, dans les mêmes termes, du rapport de Dieu et des créatures. Mais la doctrine est tout autre, puisque Dieu a voulu les créatures humaines comme personnes libres, qu'il les aime, et que le lien mystérieux qui les unit à lui respecte ou plutôt exalte en elles la personnalité même. Dans la théorie positiviste l'individu n'est qu'abstraction, ou néant. Comment aimer jusqu'à l'abnégation ce qu'on sait être une illusion !

les autres, d'une vie morale, individuelle et collective, qui donne à la première son sens et sa valeur. C'est la synthèse de ces deux conditions, l'une de *nature*, l'autre de *moralité*, qui le fait respectable et sacré et crée son droit à recevoir tout ce que réclament cette fonction même et cette destinée. Ce qui y est avant tout nécessaire, c'est l'amour, qui saura trouver le reste et sans qui rien ne suffira ; car lui seul peut aller jusqu'au sacrifice et accepter avec joie toutes les tâches et toutes les privations. C'est donc à l'Amour que l'enfant a droit. Droit singulier, et dont il n'est point surprenant que la théorie soit embarrassante ; droit qui ne ressemble à aucun autre, à la fois plus imprescriptible et plus difficile à définir que tout autre, comme s'il y avait entre ces deux termes une intime contradiction. Car le droit, celui des juristes, veut être *objectivé*, exprimé en formules arrêtées et précises qui disent la mesure de ce qui est exigible ; l'amour est l'élan d'un *sujet* qui se donne tout entier, sans mesure et sans limites pourvu que ce soit sans contrainte. Traduire l'amour en objet de droit, n'est-ce pas paralyser l'un ou effacer l'autre ? — Oui, s'il s'agit de tout traduire en formules de code, qui laisseront échapper l'essentiel. Non, si l'on veut avant tout affirmer le principe de certaines relations idéales entre des volontés, car il peut y avoir un devoir d'aimer, un droit à être aimé. Le droit de l'enfant en offre l'exemple le plus saisissant, puisqu'il ne fait qu'exprimer le sens à la fois naturel et moral de la *Génération* dans *l'humanité*.

CHAPITRE IV

La famille

Ce qui domine tout ici, c'est donc le grand fait et le grand problème de la génération. Le tort de la thèse intellectualiste est de l'oublier. Elle simplifie tout, mais fausse tout en prenant l'enfant comme déjà donné, comme une unité détachée, déjà individualisée, et qu'il n'y a plus qu'à classer dans un groupe d'êtres semblables, ainsi qu'on fait à la caserne pour les recrues qu'on numérote à leur arrivée sans rechercher d'où ils viennent. L'enfant, c'est à la naissance qu'il faut le prendre, et même avant, dans le grand acte mystérieux qui le fait être, et qui ne lui donne pas tout d'un coup son être, dans l'intime solidarité qui le lie aux parents et d'où ne se dégage que lentemeut, à longue échéance, son individualité. Thèse simpliste en vérité celle qui laisse de côté le père et la mère comme si leur rôle, ainsi que celui d'une machine pour

un produit fabriqué, était terminé dès que l'enfant est là. Et sans doute des enfants peuvent
être sauvés et élevés dont le père n'est plus,
dont la mère meurt en les mettant au monde;
et il y en a aussi qui seraient mieux traités s'ils
étaient orphelins. Tout de même ce bienfaisant
artifice est un artifice, qui ne vaut que par exception, et où il ne faut pas chercher le sens vrai
des choses; car tôt ou tard en apparaît l'insuffisance. Le fait naturel et normal est que l'enfant
ait un père et une mère, et soit confié à leurs
soins. Et c'est grâce à ces garants et répondants
positifs, personnels, qu'apparaît, non plus seulement idéal et métaphysique, mais traduit en
une créance formelle et précise le droit de l'enfant.

C'est d'abord l'instinct même des parents qui
l'affirme, l'élan de la vie qui les a rapprochés
pour passer en un être nouveau, et assurer la
durée sinon le progrès de l'espèce. Que ce vouloir vivre de la race soit ou non conscient en
eux, c'est la fin de la nature qui les a unis pour
les y sacrifier au besoin. Eux-mêmes en répondant à l'instinct ont évoqué et provoqué la vie;
ils manqueraient donc à la nature en refusant
la charge de l'enfant qu'ils ont appelé et qu'elle
va mettre dans leurs bras. L'empêcher de naître,
ils ne le peuvent que par des violences qui rui-

nent ou mettent en péril la santé ou même la vie de la mère. La seule fin naturelle est que l'embryon achève en elle son évolution, et que l'enfant naisse à terme. Du moment qu'il est conçu ils sont liés à lui par la plus profonde des solidarités; c'est leur sang, la chair de leur chair. Et quand l'enfant est là, détaché de la mère et vivant d'une vie propre, il s'en faut que cette existence soit déjà individuelle, indépendante, et que le lien soit rompu. S'il est étrange de lui attribuer je ne sais quelle volonté qui aurait consenti un contrat inconscient, il est manifeste à la fois que ce petit être s'offre ou plutôt s'é-lance à la vie, la réclame de tout le vouloir de son instinct, et qu'il est impuissant à se l'assu-rer. Il respire, son sang anime ses organes qui déjà savent réagir contre le milieu pour tâcher de le défendre; mais il ne peut se défendre seul. Il est prêt et merveilleusement apte à prendre sa nourriture; mais il faut qu'elle vienne à lui. Et c'est une solidarité encore organique qui, même au-delà de la naissance, retient ensemble, indis-pensables chacun à l'autre, l'enfant et la mère. L'enfant ne trouve qu'en la mère sa vraie et na-turelle nourriture; c'est un besoin pour elle de la lui donner; car normalement c'est sa santé même qui veut qu'elle le nourrisse. Toutes les mères, ou peu s'en faut (de 5 o/o, dit le Dr Pinard), ont le lait qui suffit à leur enfant; ce n'est, ici encore, sauf négligeables exceptions, que par un artifice dangereux, qu'elles se soustraient à cette fonction. Et pour tous les autres soins nécessaires à l'enfant, c'est le besoin naturel de la mère, chez l'homme comme chez l'animal, c'est le sens et la joie de sa vie que de s'en charger. Il réclame tout; elle est prête à tout donner, à se donner. Et la vie du père est de l'aider, de fournir à l'un et à l'autre, directement ou non, tout le nécessaire. En vérité, la nature veut que l'enfant soit aimé jusqu'au sacrifice si le sacrifice est indispensable pour le faire vivre, comme il arrive chez ces plantes qui ne fleurissent et ne donnent leur fruit qu'une fois et pour mourir. Il n'y a pas de négation plus flagrante de cette discontinuité qui détache et isole les individus, comme si chacun datait de soi et finissait à soi. C'est l'instinct qui pose, pour l'enfant le principe du droit à l'amour.

Mais n'est-ce pas donner trop de droits à la nature même, à la vie, à l'espèce, vagues abstractions ou simples faits, en en faisant des entités et comme des personnes? L'homme n'est-il pas né précisément pour se servir de la nature au lieu de s'y asservir, pour la plier à ses besoins, à ses caprices même grâce à sa réflexion, à son savoir, à la puissance qu'il lui assure? Il aura donc des enfants s'il lui plaît, et quand il lui plaira. La génération, la conception seront conscientes, volontaires, donc facultatives, et pourront être méthodiquement, scientifiquement réglées. La maternité ne sera dans la vie de la femme qu'un épisode, comme la paternité dans celle de l'homme (V. Congrès féministe de Stuttgart, 1907). Ainsi le voulait Platon ; ainsi le veulent les néo-malthusiens qui traduisent en doctrine des pratiques courantes et de plus en plus hardies (1). Les erreurs même du point de départ seront, consciemment et scientifiquement aussi, corrigées par l'arrêt du développement de l'embryon, l'avortement ou l'infanticide. Au delà ce seront, si les résultats de l'expérience le commandent, l'abandon ou l'exposition, que remplacera, dans une organisation rationnelle, le meurtre des enfants dont la charge est trop lourde ou fastidieuse. Ainsi en usons-nous dans l'élevage bien administré des animaux. Et les pratiques qui nous scandalisent encore, non seulement expriment un besoin de légitime indépendance, mais réclament et annoncent le régime positif de la production et de l'élevage dans l'humanité. Voilà le vrai sens des rapports de l'Homme avec

(1) V. *Régénération*, organe de la Ligue de la Régénération humaine.

Cf. Marestan, *L'éducation sexuelle*. Marseille.

la nature ; esclave d'abord, il s'en affranchit, puis s'en empare et en use comme d'une esclave.

L'enfant n'aura donc aucun droit, ni de vivre ni à vivre, ni maintenant ni plus tard. On ne voit pas comment on limiterait à la période qui précède la naissance ou à celle qui la suit immédiatement le droit pour l'adulte qui n'en veut pas accepter la charge de le supprimer (1). La Société interviendra ; mais ce sera au nom de son intérêt propre, non du droit de l'enfant, qu'elle réglera, comme dans la *République* de Platon, les naissances et le sort de ceux qui seront nés. (Cf. Wells, *Anticipations*, trad. fr., p. 346-353.) Revenons au droit précis de ceux qui ont, instinctivement ou volontairement, appelé l'enfant à la vie, et qui se demandent s'ils l'y laisseront venir et le feront vivre. Il faut aller au fond des choses. C'est la civilisation même qui est en question, et qui apparaît ici comme radicalement contradictoire si son progrès la conduit à opposer, en un insoluble conflit, le droit de l'enfant à vivre d'une vie complète et le droit des parents de supprimer l'enfant. La société aura beau — sans y suffire

(1) Robin (de Cempuis) ajoute le droit à l'avortement aux Droits de l'homme.

du reste — se charger des enfants une fois nés ; elle ne peut pas en produire pour assurer sa propre durée. De cela les individus restent maîtres ; et ils semblent bien s'y refuser d'autant plus qu'ils sont plus avisés, plus libérés des préjugés et plus adroits (1). Et ainsi entendue la civilisation, plus elle est savante, plus elle tarit les sources de l'être ; ainsi entendue la science ruine la vie. C'est aussi, mais cette fois à propos du droit des parents, toute la philosophie morale qui est en cause, tout le problème de la nature et de la moralité, et de savoir si, oui ou non, l'homme est soumis à une loi morale, à un devoir qui le dépasse. Il ne s'agit pas de ce qu'il a le pouvoir et le droit de faire vis-à-vis d'une nature tout extérieure, étrangère autant qu'elle peut l'être sinon hostile à l'humanité, du droit de détourner le cours des fleuves ou de percer les montagnes. Il s'agit de ce qu'il fera de la nature humaine, physique et morale, soit en lui-même, soit dans un être déjà semblable à lui. Et le problème revient à ceci :

(1) Cette cause de la dépopulation apparaît manifestement dans la Grèce ancienne. V. Legrand, *Daos*, p. 269-270. L'opposition entre le progrès de l'intellectualisme et la natalité a été souvent signalée. V. Rousseau, Spencer, Renan, P. Leroy-Beaulieu. Et déjà Aristote parlait de l'homme intellectuel, οὗ τὸ σπέρμα εἰς τὴν κεφαλὴν ἀνέβη.

L'individu peut-il faire tout commencer et tout finir à soi, à son moi du moment, sans être lié par rien, ni par sa volonté passée? Peut-il s'ériger en absolu, se faire Dieu? Il ne s'agit de rien de moins. Y a-t-il, ou non, une solidarité *obligatoire* avec les autres et avec soi, une loi supérieure des relations humaines et des volontés humaines? Cette obligation et cette loi ne peuvent être que transcendantes. Car, si la réflexion, l'analyse, critiques et scientifiques, affranchissent l'individu d'une tyrannie de solidarité personnelle, elles le libéreront tout aussi bien de l'autorité sociale. Elles ne verront dans ses exigences que la masse des intérêts opposés au sien, et qui peut l'écraser, mais qu'il esquivera ou exploitera s'il est assez adroit. Sa volonté ne peut être liée à ses engagements ni par son intérêt dont elle est à chaque instant juge, ni par l'intérêt d'aucun autre, qui ne saurait avoir autorité sur le sien. Pour interdire à l'individu d'exalter son égoïsme jusqu'à l'Absolu, rien ne sert d'exalter l'égoïsme collectif et de diviniser l'Être social. L'homme peut contraindre l'homme, non l'obliger. Une loi divine ne peut venir que d'un être qui vraiment soit Dieu. La limitation *morale* des égoïsmes est une négation de l'égoïsme, que la conscience impose au fait et qui ne peut avoir qu'un principe supra-sensible, dans un ordre de cité céleste. Cette négation n'est totale que dans l'Amour ; le droit est seulement une limitation, plus facile à imposer aux relations proprement humaines, mais qui a même origine — et même fin. Et les hommes peuvent conquérir sur la nature une maîtrise morale, qu'elle ne refuse pas plus que l'autre, et qui consiste à la faire servir à ces fins, à la pénétrer d'amour et de justice, à réaliser ou imiter de mieux en mieux dans le temps, sans y pleinement réussir, la cité des Esprits. Dès que l'un d'eux revendique pour lui-même un droit, il nie par là même la souveraineté du fait et de la force, et invoque la loi de cette cité ; c'est là que sa conscience se réfugie pour protester contre un refus de justice ou de bonté. L'égoïste pur, qui repousse cette loi, n'aura donc ou ne méritera point de droit, puisqu'il vit décidément sur un autre plan. Il faut choisir.

Si donc il y a un droit pour les parents, c'est qu'ils sont autre chose que des éleveurs plus ou moins savants ; à savoir des éducateurs. Comme nous le montrerons, ce ne sera (la formule s'applique pleinement ici) que le droit de faire leur devoir, et d'en réclamer les moyens. Mais du même coup les fins de la nature reçoivent un sens plus élevé, et deviennent des moyens de la moralité. L'ordre idéal se reconnaît dans cet instinct de maternité et de paternité qui porte des êtres humains au-delà d'eux-mêmes, au-delà ou à l'encontre de leurs fins proprement individuelles. Ainsi seulement trouve une solution morale la contradiction de la nature qui ne s'exalte dans l'individu que pour le sacrifier. C'est le sens profond que peut prendre ce mot d'Aristote, que la nature commence tout en nous. Cette initiative impérieuse qui unit deux êtres, et en appelle un autre à l'existence, commence un ordre supérieur de relations qui est dans le temps celui d'une continuité indéfinie, au-dessus du temps celui d'une société d'êtres qui ne seraient liés que par l'amour. Nulle part la nature ne fait un plus puissant effort pour s'affranchir des nécessités matérielles et les subordonner à l'Amour ; elle y tend jusqu'à renier l'individu qu'elle a produit. La paternité, la maternité naturelles sont donc bien déjà la volonté de se continuer en un être semblable, mieux encore de se dépasser en lui pour le faire meilleur et plus beau.

Mais chez l'homme cette volonté est consciente, inséparable de sa raison même et ne peut être faussée que par les artifices de l'égoïsme. Maître ou non de la nature matérielle, il ne l'est pas de ses fins morales. Son autonomie n'est pas le droit de son caprice mais de sa raison, qui le soumet à l'autorité du principe moral. Il n'a donc pas le droit de renier ses actes et d'en refuser les conséquences. Or, la génération est ici œuvre d'êtres conscients et responsables. L'enfant qui n'a pas demandé à naître est naturellement à la charge, moralement au compte de ceux qui l'ont fait naître. Ils ont voulu qu'il fût, et renouvelât la vie qui était en eux : ils savaient le vrai sens de leur acte. Ils ne sont plus libres de vouloir que cette vie ne soit pas en lui et ne les appelle pas à son aide. Ils doivent à l'Humanité morale ou à Dieu, dans toute la mesure de leur force, de faire vivre l'enfant et de le faire grandir pour le bien (1). Ce n'est pas sa volonté, réelle ou supposée, qui les oblige au respect d'un engagement réciproque. Il n'en est pas moins sacré pour eux. S'il y a dans l'ensemble des solidarités humaines une faiblesse dont ils soient manifestement responsables, c'est bien celle-là; et s'il y a une force qu'ils aient à respecter et à servir, c'est celle de l'enfant, qui est le meilleur de leur vie et de leur âme. Il porte leurs plus belles, et aussi leurs plus obli-

(1) A cette obligation s'en peut rattacher une autre, plus large encore, qui est de ne pas refuser d'avoir des enfants, et qui découle du même principe. Mais nous ne traitons ici que du droit de l'enfant.

gatoires ambitions et espérances morales : c'est
une personne morale, non seulement à venir,
mais à former, et qu'ils ont à former. Terrible
responsabilité, disait Saint-Cyran, très douce
aussi bien, et salutaire, mais en tous cas inéluc-
table. C'est aussi le respect de leur propre
volonté qui les tient engagés ensemble vis-à-vis
de lui, sous peine d'inconséquence et d'indignité
morale. S'il y a un contrat ou quasi-contrat, il
est là, puisque l'accord a été expressément
conclu ou impliqué dans un acte conscient. Il
n'est que là, puisque là seulement se trouvent
des volontés adultes et responsables ; mais il est
formel, irrécusable. Et il n'y a plus à se demander si le bien-être attend ou non l'enfant dans
la vie, si son intérêt est d'y rester. C'est d'un
salut moral qu'il s'agit, et il y a toujours, à
une situation quelconque, une solution morale ;
une âme peut toujours se tourner ou être tour-
née vers le bien. Ainsi s'établit, dans ce compte
moral du *doit* et de l'*avoir*, la dette des parents,
c'est-à-dire au bénéfice de l'enfant, une créance,
un *droit à* recevoir dont la mesure, nous le verrons, dépasse toute définition juridique. Ainsi
se réconcilient l'instinct et la réflexion, dont l'un
n'est plus qu'une raison obscure et qui se cherche,
et dont l'autre, en en prenant conscience, découvre dans l'amour comme une raison suprême,

une nature céleste. Ainsi enfin la civilisation cesse d'être contradictoire ; car elle n'oppose plus entre eux des droits et des êtres dont la solidarité lui est indispensable. Élevant les intérêts moraux au-dessus des autres, elle ne consiste plus à demander au progrès des « lumières » et de la science les moyens d'une vie qui ruine la vie avec la moralité, mais des raisons nouvelles et des moyens de vie plus haute et plus féconde. Elle ne borne plus la destinée de l'homme à réaliser sur la terre une société de rentiers heureux, qui ne durerait qu'une génération et finirait tout à soi ; mais elle l'excite à un progrès indéfini où serait de plus en plus fidèlement imitée, par l'équité et le sacrifice volontaire, une société d'âmes ou de personnes morales. Sommes-nous en droit de l'espérer ? Suivant Kant, c'est déjà une loi naturelle, et dont l'histoire témoigne, que le progrès de la civilisation imite celui de la moralité. Mais il n'avait pas envisagé le problème que nous pose aujourd'hui ce grand fait, à savoir que la dépopulation paraît bien suivre ce qu'on appelle la civilisation, je veux dire l'accroissement du confort et de la vie proprement intellectuelle. Ce sont, en moyenne, les nations et les classes les plus aisées et les plus cultivées qui se soustraient le plus à l'obligation d'avoir et d'élever des enfants. Y a-t-il là une

désolante nécessité, ou seulement une tendance
à laquelle les volontés humaines puissent résis-
ter ? Si elles le peuvent, le voudront-elles ?
grâce à quel élan ou sous quelle discipline ?
L'avenir répondra. Il nous suffit ici d'avoir, en
opposition avec l'optimisme utilitaire, signalé
cette antinomie et les conditions qui seules permettent de la résoudre du point de vue des droits
de l'enfant.

Ils se résument, avons-nous dit, dans le droit
à l'amour, avant tout à l'amour des parents.
Droit singulier qui défie et dépasse toute mesure
précise; car, au lieu de marquer, comme tous
les autres, une limite où ceux qu'il oblige retrouvent leur liberté, il les astreint à se donner tout
entiers; il ne leur laisse que des devoirs. L'enfant
a droit à la vie même des parents pour conserver la sienne. Et ce devoir les lie bien au-delà du
temps et des soins qui constituent l'élevage proprement dit. Car c'est d'un être humain qu'il
s'agit, et qu'il faut éduquer jusqu'au bout, jusqu'à hauteur d'homme. Déjà l'obligation d'assurer son existence physique les réclame pour
longtemps tous deux auprès de lui. Ce ne sont
pas quelques jours ou quelques semaines qu'il
faut à l'enfant, comme au jeune animal, pour
apprendre à se suffire, à se défendre et nourrir
seul; ce n'est qu'au bout de longues années qu'il

atteint sa maturité et majorité physiques. Et plus longue encore est son enfance morale, plus lointaine l'émancipation normale de son esprit et de sa volonté. L'abandonner avant cette échéance, le livrer à lui-même, c'est-à-dire à sa faiblesse, aux hasards et brutalités de la vie, c'est encore manquer à l'engagement de la génération et violer le droit de l'enfant. Comme la durée de cette tâche est plus longue, l'étendue en est aussi tout autre pour le couple humain. Plus la vie s'est compliquée, plus elle a rendu difficile l'établissement des nouveaux venus, l'aptitude à suffire à toutes les relations nécessaires, plus aussi elle a élargi et compliqué ce devoir et cette œuvre d'éducation. Et comme l'amour y reste indispensable, les parents ne sauraient ni s'en décharger, ni en être déchargés. C'est une erreur grave, c'est la négation même du principe que de dire (1) que chacun d'eux a tout droit de se faire remplacer auprès de l'enfant, non seulement en cas de nécessité et d'incompétence, mais dans tous les cas, et à leur gré, le jour où ils ont la fantaisie et le moyen de charger un autre de ce devoir, nourrice ou gouvernante, précepteur ou instituteur (2). Non, le remplaçant, même volon-

(1) Dr Toulouse, *Manuel général*, 15 et 30 oct. 1909.
(2) Nous admettons le devoir de s'en remettre à d'autres pour ce qu'ils ne peuvent pas faire eux-mêmes, en revendi-

taire, même dévoué, ne peut, sauf exception, être pour l'enfant un père ou une mère, et dégager ceux-ci de leurs obligations. En se faisant remplacer pour ce qu'ils peuvent faire, les parents manquent à leur promesse ; ils sont coupables, et l'enfant ne reçoit plus tout ce qui lui est dû. La nourrice, on l'a bien montré, depuis Rousseau jusqu'à M. Brieux, ne peut être une vraie mère ; un enfant n'a qu'une mère et on fausse les idées et les sentiments en prodiguant par métaphore ou par amusement ce nom sacré. On ne peut du reste trouver autant de nourrices qu'il faut de mères. Une institutrice, non plus, ne peut être une mère, ni un instituteur un père, pour toute une classe : s'ils peuvent instruire mieux que les parents ordinaires, éduquer mieux que les parents indignes ou insouciants, ils ne peuvent assumer toute la charge de l'amour et du dévoue-

quant pour eux, contre les diverses thèses de l'Étatisme (V. M. Lanson, *Revue de Métaphysique*, juillet 1905, pp. 659-661), le droit de les choisir. Mais cela n'est pas se faire *remplacer* ; le mot n'a pas ici son vrai sens, puisqu'il s'agit de ce qu'ils ne feraient pas. Aussi n'est-il pas permis de se déclarer simplement incompétent pour se décharger de tout. C'est une lâcheté, et une violation du droit de l'enfant ; car les divers spécialistes qu'on appellera n'auront jamais toutes les compétences d'un père ou d'une mère qui savent leur « métier » naturel. On ne saurait vouloir que tous les enfants fussent orphelins ou élevés comme tels.

Cf. Wells, *Anticipations*, p. 346-347, 352-353.

ment auxquels a droit chacun des enfants de leur classe, sans parler des leurs. On ne se fait pas remplacer pour aimer, et on n'abdique pas à son gré la paternité ou la maternité. Ce n'est une fonction ni temporaire ni résiliable; ni la grève ni le chômage n'y sont légitimes, et on ne donne pas à volonté du jour au lendemain sa démission. La thèse du remplacement est la négation du droit de l'enfant. C'est l'idée de Rousseau lui-même.

Les preuves abondent dans l'expérience de tous les jours et dans la législation même. Qu'on songe aux orphelins, aux enfants de parents déchus ou de divorcés, aux enfants naturels dont les parents sont en désaccord, ou séparés, ou mariés d'autre part. Qu'on songe à la difficulté de leur donner une condition plus ou moins semblable à celle qui leur manque (1). Confiés à un conseil de

(1) La législation est particulièrement embarrassée par les enfants naturels dont le père et la mère ne peuvent ni assumer toute leur charge ni être remplacés. On ne sait à qui attribuer la puissance paternelle, le droit et le devoir d'entretien, de garde, de correction, l'administration des biens. L'assimilation est impossible avec les autres, et les solutions les plus hardies, comme celle du Code allemand, sont toujours insuffisantes. Voir les thèses de MM. Ch. Bonnet (*De la puissance paternelle et de la tutelle sur les enfants naturels*, Paris, 1904) et J. Méline (*La puissance paternelle du père et de la mère naturels*, Grenoble, 1906). Mêmes difficultés pour les enfants de divorcés.

famille et à un tuteur, à une personne ou à une Société charitable, à l'Assistance publique, ils pourront, en mettant tout au mieux, être assurés d'une vie saine et hygiénique, d'une instruction et d'une éducation convenables. Sauf exceptions, on ne leur assurera pas une affection toujours prête au sacrifice, et rien n'équivaudra pour eux à la vie d'une famille normale.

Il faut donc rendre ou plutôt donner tout leur sens à ces mots du Code civil (article 3o3) : « Les époux contractent ensemble par le seul fait du mariage l'obligation de nourrir, d'entretenir et d'élever leurs enfants. » Il faut même les appliquer à tous les parents en général, et non pas seulement à ceux qui ont contracté mariage (1). Mais, s'il y a un droit de l'enfant, il exige le mariage des parents, qui est la seule condition morale de deux êtres unis pour avoir des enfants ou parce qu'ils en ont déjà. Et ce principe, une fois posé, engendre tout un système de conséquences pratiques sur la vie familiale.

Par exemple, on ne peut plus dire que chacun des parents s'appartient, et a le droit de « faire sa vie » ou de « vivre sa vie » pourvu qu'il res-

----

(1) Wells, qui n'est ni un conservateur de parti pris ni un timoré, définit fort bien la condition raisonnable : « On imposera aux parents la charge et l'entretien des enfants. » (*Anticipations*, 349.)

pecte chez l'autre le même droit. Ils sont liés et tenus ensemble par l'enfant, moralement inséparables. Ce ne sont plus deux êtres rapprochés par un caprice naturel et pour le temps qu'il durera. Ce ne sont même plus deux personnes morales unies comme deux volontés toujours autonomes par un contrat limité, et à chaque instant révocable sous des conditions définies. Cette conception moderne (1) — et soi-disant morale — du mariage prétend affirmer ainsi le principe du droit de la femme, qu'il faut défendre contre l'homme, affranchir de toute servitude. Que la femme soit une personne morale, qu'elle soit par là l'égale de l'homme, rien n'est plus certain; qu'on veuille la défendre contre l'arbitraire et reconnaître ses droits, rien n'est plus juste. Mais aussi, qu'on le veuille ou non, le régime tout juridique du ménage est la négation du droit de l'enfant, comme il est déjà la négation de l'amour même. Individualistes et intellectuels se plaisent à concevoir l'homme et la femme comme deux associés d'entreprise, deux compagnons ou camarades rapprochés pour certaines joies ou obligations définies, et gardant chacun pour le reste sa vie propre, son droit de penser, d'agir, de croire, de voter, de faire son

(1) V. G. Renard, *Le Régime socialiste,* p. 59.

budget. La paix du ménage est ainsi la paix par le droit comme entre deux voisins dont chacun a son chez soi, ou même entre deux adversaires tenus en respect. Théorie plausible peut-être, et toujours trop courte, même si elle a la force à son service, pour les relations entre les peuples; théorie fausse pour les relations entre époux, entre parents d'un même enfant. Ce que le droit de l'enfant réclame entre eux, c'est la paix par l'amour. Il proteste contre ce mouvement des mœurs et des lois qui les considère comme serrés ensemble par des « tenailles », et les en veut de plus en plus libérer (1). L'enfant les voudrait, au contraire, toujours plus solidaires et plus inséparables, plus résolus à tout supporter et à se supporter, mieux encore à se

(1) V. Paul Hervieu, *Les Tenailles*. Et voyez aussi jusqu'où tend ce « progrès » des idées : « Peut-être un jour des hommes viendront assez forts, assez libres, pour assister au phénomène de la femme avec une simple indulgence et une plus calme équité. Pour nous, que veux-tu? notre passé religieux, des préjugés, de vieilles et adorables coutumes ne peuvent chasser de notre mémoire cette conception de l'épouse pure et chaste, de l'amour unique, fidèle au foyer domestique. On n'a pas en vain le poids de tant de siècles catholiques. Sans doute c'est étroit, égoïste, mesquin. Mais que veux-tu? J'envie ceux qui sauront un jour se libérer de cette conception et s'affranchir de ce passé. »

HENRY BATAILLE, *Maman Colibri*.

rapprocher, à s'entendre quand même (1), plutôt que de le laisser dans le vide creusé entre eux deux, abandonné et misérable, livré à la froide tutelle juridique ou à l'impersonnelle assistance sociale. Tel est le sens de l'amour qu'ils lui doivent et, l'accord en est merveilleux, de celui qu'ils se doivent à eux-mêmes. Entre eux deux comme entre eux et lui il n'y a pas d'autre règle de justice, et leurs droits s'harmonisent au lieu de se limiter. Est-il besoin d'insister pour montrer comment ils sont violés par les conflits domestiques, par l'adultère, même décent et ignoré de l'enfant, par ce prétendu droit de divorcer à volonté (2), et comment cette pré-

(1) V. Brieux, *Suzette.*

(2) S'il y a des situations lamentables et qui semblent ne comporter d'autre solution pour le bien de l'enfant lui-même que la séparation, le principe reste vrai. Et notre législation est injuste et cruelle pour l'enfant quand elle encourage au divorce en le rendant de plus en plus facile, même entre ceux que l'obstacle retiendrait dans la vie commune et qui demain regretteront leur coup de tête ou se réconcilieront au chevet de l'enfant. Mais les lois sont ce que veulent les mœurs, et cette tendance est fatale dans le régime du droit au bonheur ou plutôt au bien-être. Aux États-Unis le bureau de recensement comptait en 1911 pour différents États un divorce pour six ou même pour quatre mariages. Du moins on peut se refuser à compter comme un progrès ce mépris du droit de l'enfant qui conduit si manifestement à l'union libre, et... à la dépopulation V. les vœux du Congrès de la Natalité tenu à Bordeaux en septembre 1921.

tendue justice rationaliste est, surtout pour l'enfant, la négation de la justice et de la raison parce que sans foyer et sans amour il n'y a pour lui ni raison ni justice? La solution proposée par E. Key et qui, pour tout concilier, admet le divorce en maintenant les devoirs envers les enfants, cette solution est insuffisante; ou plutôt elle est contradictoire et chimérique. L'enfant n'a pas tout son droit entre des parents divorcés. On le méconnaît, et la raison même, quand on dit que la raison condamne les promesses d'union et de fidélité perpétuelle (1).

Autre conséquence : si les parents ne doivent ni vivre séparés, ni vivre en guerre à la maison, il ne faut pas non plus que, même unis, ils vivent l'un et l'autre, pour le plaisir ou pour le travail, hors de la maison, ni qu'ils en écartent l'enfant pour n'avoir plus à s'occuper de lui : « Trop de parents, dit un instituteur, profitent des facilités que leur offre le service des cantines pour se débarrasser de leurs enfants pendant toute la journée, alors que souvent ils pourraient les faire déjeuner chez eux. C'est un véritable abandon moral des pauvres petits qui ne voient guère leurs parents que le soir vers l'heure du

(1) V. Lapie, *La femme dans la famille*; Appuhn, *Éléments de Morale*; etc.

coucher (1). » Mais du moins, dit-on, la raison du travail est impérieuse. Il faut que la mère aussi produise pour la vie commune et pour celle de l'enfant lui-même ; il faut qu'elle passe sa journée à l'usine ou au magasin. C'est une nécessité de notre civilisation. — Nécessité, peut-être ; progrès, non, il faut oser le dire. Et je voudrais pouvoir ajouter, avec les optimistes, que la femme produit plus en restant à son ménage, en nourrissant son enfant, qu'en travaillant pour payer une nourrice ; ou que le progrès remplacera l'atelier, sinon le magasin, par le travail à la maison. Mais il faut affirmer qu'il n'y a pas de vrai progrès contre la vie familiale et le droit de l'enfant, au lieu de proclamer, avec une dévotion aveugle au préjugé du jour, les bienfaits de la civilisation quelle qu'elle soit. Fatale ou non, elle est malfaisante quand elle sacrifie l'enfant ; elle ruine, non seulement la moralité, mais la vie si les peuples les plus civilisés sont justement ceux qui ne veulent plus produire ou ne savent plus élever des enfants (2). On a dit du siècle qui s'ouvre qu'il serait le siècle de l'enfant. Amère ironie s'il ne doit pas être le siècle de la mère et de la famille.

(1) *Manuel général*, 10 juillet 1909, p. 580. Et c'est aussi le témoignage d'un grand nombre, de la plupart des instituteurs, surtout des directrices d'Écoles maternelles.

(2) V. Ellen Key, *Le Siècle de l'enfant.*

Ainsi il faudra conclure que les parents n'ont pas de droits sur l'enfant ; ils n'ont que des devoirs envers lui, et pour lui, l'un envers l'autre. Ils n'auront de droits — nous en verrons toute l'étendue — que pour défendre les siens et faire leur devoir, en attendant qu'ils aient à leur tour le droit des faibles. L'enfant ne leur appartient pas, et ils ne s'appartiennent plus. L'enfant seul donc s'appartient à lui-même. La conclusion paraît s'imposer ; et la formule est courante, expression de la thèse moderne et dite « libérale », qui libère l'enfant comme tout à l'heure elle libérait les parents.

Elle semble devoir aboutir un jour ou l'autre — prochainement sans doute — à une réforme du Code civil. On sait qu'il définit ainsi les rapports des parents et des enfants :

> *Article 371.* L'enfant à tout âge doit honneur et respect à ses père et mère.
>
> *Article 372.* L'enfant reste sous l'autorité de ses père et mère jusqu'à sa majorité ou son émancipation.
>
> *Article 374.* L'enfant ne peut quitter la maison paternelle sans la permission de son père si ce n'est par enrôlement volontaire avant l'âge de 18 ans révolus.

Et la puissance paternelle est : 1° *lato sensu,*

le droit au respect pour toute la vie, imposant à l'enfant l'obligation de requérir le consentement ou le conseil des parents pour se marier, se donner en adoption, entrer dans les ordres, se soumettre à une tutelle officieuse, accomplir enfin quelque acte important. 2° *stricto sensu*. C'est le droit de garde, d'éducation, de correction jusqu'à la majorité ou l'émancipation. Pour préciser, les parents ont le droit de surveiller et diriger la conduite, de déterminer la religion dans laquelle l'enfant sera élevé, de régler le genre de vie et le mode d'éducation, de garder la haute main sur les études littéraires, scientifiques, professionnelles; de prendre connaissance des lettres adressées à l'enfant et de les retenir s'il y a lieu; de fixer le lieu de résidence, et, si l'enfant quitte la maison paternelle ou la maison d'éducation, de l'y faire ramener *manu militari*; de le faire enfermer s'ils ne peuvent vaincre autrement ses mauvais penchants.

Mais ces droits sont de jour en jour restreints par l'intervention de l'État qui protège l'enfant contre l'indignité ou la négligence des parents, par le mouvement des mœurs qui tend à une émancipation plus précoce. Aux articles 334 et 335 du Code sur la déchéance paternelle se sont ajoutées, pour réprimer les abus de pouvoir des parents, les lois du 7 décembre 1884, du 24 juillet

1889, du 5 avril et du 19 août 1898 (1). Les lois scolaires, que compléteront sans doute des lois sur l'apprentissage ou l'enseignement technique, limitent aussi, au nom du droit de l'enfant, la puissance paternelle. Le mouvement est semblable dans les différentes législations. Et la doctrine rigoureuse du droit de l'enfant veut, en assurant d'une façon ou de l'autre sa subsistance, le soustraire à toute contrainte, à toute empreinte, à toute autorité.

Laissons de côté la thèse des faux libéraux qui ne proclament le droit de l'enfant à s'appartenir que pour l'arracher à leurs adversaires et le remettre aux mains de l'État quand ils sont maîtres de l'État. Thèse ou plutôt tactique de politiciens sectaires dont l'importance est grande pratiquement, mais qui n'a point sa place dans une loyale discussion de doctrines. Qu'on réclame franchement l'enfant pour l'État, pour une Église, qu'on veuille au contraire l'affranchir si possible de toute tutelle et même de la famille, ce sont autant de doctrines discutables et qu'on peut mettre sur le tapis. Mais prétendre l'émanciper pour l'accaparer ensuite, c'est une manœuvre bien tentante, un expédient qui peut réussir ; ce n'est pas une doctrine ni une philosophie.

(1) V. ci-dessus, p. 20-21.

Prenons donc la philosophie ou la pédagogie qui refuse aux parents, ou à un tuteur quel qu'il soit, toute autorité. Elle n'est pas neuve, s'il est vrai que ce soit celle de l'éducation négative. Mais Rousseau l'entendait autrement et attribuait au précepteur, normalement au père, un pouvoir de contrainte, un rôle très étendu, quoi qu'on en dise, de ministre de la nature. Il ne s'agit pas seulement de ne rien faire, mais d'empêcher que rien ne soit fait, c'est-à-dire, si l'on va aux précisions, que les « facultés superflues » et la raison réfléchie ne soient trop tôt appelées à l'exercice et mises en branle. Et si le gouverneur ne doit rien commander, il doit savoir refuser, opposer au caprice une volonté aussi intraitable que les lois de la nature, un mur d'airain, mieux encore, faire en sorte que l'élève ne veuille que ce qu'il aura voulu lui-même. Ce qui s'affirme aujourd'hui c'est un libéralisme ou un naturalisme plus radical. L'enfant existe pour soi; il doit devenir, ou plutôt il doit être, dès l'enfance, autonome, n'avoir de respect que pour soi. *Ehrfurcht vor Sich*, dit-on avec Gœthe. Sois toi-même, dit-on avec Max Stirner, il n'est pas d'autre loi. La formule vaut pour l'enfant comme pour l'adulte. Non seulement Herbart a raison de déclarer que l'autorité serait une tyrannie si elle ne conduisait la liberté; mais Tolstoï a plus raison encore d'être effrayé à la pensée d'élever un enfant, de se réfugier dans l'abdication, de laisser l'élève s'instruire lui-même, libre du moins de réclamer, quand il en sentira le besoin, l'aide du maître. C'est tout de suite qu'il faut installer l'enfant dans la liberté. Pour ne pas fausser sa nature il n'y a qu'un moyen : c'est de la laisser libre dans son commerce d'action et de réaction avec la nature proprement dite, avec les choses ; c'est de la soustraire à cette tyrannie des parents et des maîtres qui prétendent lui donner des habitudes, former ou diriger ses sentiments, choisir pour lui et lui imposer des idées. Autorité ou persuasion, contrainte ou suggestion c'est tout un. Construire du dehors ou construire au dedans, c'est toujours substituer l'artifice à la nature, et violer son droit. Peu importe que l'enfant consente ou paraisse consentir, qu'il laisse plus ou moins volontiers sa main dans celle qui le conduit. La docilité passive est pire que la résistance, si la pire servitude est celle qui se fait aimer. L'idée même de culture est une idée fausse ; la plante humaine veut être plus qu'une autre respectée, et non pas taillée, élaguée, pliée en espalier ou forcée en serre chaude. Son droit est de pousser seule, telle que la nature l'a faite : « Il faut laisser l'enfant se créer lui-même librement sa personnalité. Le rôle du maître est de libérer ses élèves de toutes les habitudes, de tous les sentiments qui ne sont pas spontanés. Les maîtres non plus que les parents n'ont pas le droit d'intervenir dans le développement de l'individu. Vouloir lui inculquer des habitudes et des sentiments que vous jugez bons, c'est attenter à sa liberté, c'est lui imposer *vos* habitudes et *vos* sentiments. Il faut vous borner à mettre l'enfant en contact avec les choses : « il sentira ce qu'il voudra ». Et encore : « La morale ne sera pas enseignée ; la société deviendra ce qu'elle pourra (1). »

Ici la thèse est franche. Sans en rechercher les antécédents dans Fourier ou dans d'autres (2), il

(1) Dufrenne, Discours au Congrès des Amicales d'instituteurs, Nancy, 1909. — Il importe d'ajouter que l'auteur, instruit par la vie et par la guerre, a très loyalement, dans un livre nouveau (*La réforme de l'École primaire*, Nouvelle Librairie nationale, 1919), soutenu une idée toute différente.

(2) Les théoriciens du Socialisme veulent d'abord, comme les libertaires, émanciper l'enfant de la famille : « L'important, dit l'un d'eux (Robin) (V. Benoît Malon, *Exposé des doctrines socialistes françaises*, p. 276), est d'abolir radicalement l'autorité du père, la puissance quasi royale de la famille. Après cela les parents resteront, en fait, sinon en droit, les premiers amis de leurs enfants. » Et de même M. Fournière (*Les théories socialistes au XIXe siècle*, p. 104) : « D'enlever à la famille ses fonctions juridiques, religieuses, économiques, pédagogiques, ou plutôt apédagogiques, ce n'est pas la supprimer, mais l'épurer en reliant entre eux ses membres devenus des individus réels et autonomes par les uniques liens de la nature et de l'affection. »

faut savoir gré à ceux qui aujourd'hui même la posent avec cette netteté devant l'opinion. Encore peut-on remarquer que souvent, de bonne foi, pour passer à la pratique, ils en reviennent à un socialisme pédagogique. Il se trouve par miracle que l'enfant qui aura poussé comme une plante sauvage sera tout prêt à s'épanouir dans les grandes serres d'une civilisation étatiste. Mais revenons à la thèse libertaire. Elle n'aurait de sens que si l'homme naissait adulte, c'est-à-dire s'il n'y avait pas d'enfant ni d'éducation. Mais l'homme naît enfant; et en naissant il porte déjà une empreinte. — Celle de la nature, dira-t-on. — Soit, mais de la nature de ses parents, et qu'il n'a pas choisis. C'est dès la naissance qu'il n'est pas lui-même, ou plutôt c'est surtout là. Il n'est pas encore un *je* ou un *moi* : il n'est qu'en puissance. Sans doute ce petit être humain est une individualité différenciée dès la naissance et qui, se déterminant chaque jour davantage, prend conscience d'elle-même. Mais il est encore loin, en droit et en fait, de l'autonomie. En droit, comment reconnaître le gouvernement de soi-même en un être à qui manque précisément la faculté de gouvernement, τὸ ἡγεμονικόν, la raison qui serait sa raison, son *vrai moi* capable d'unifier sa vie intérieure? En fait, le livrer à lui-même, cela ne veut rien dire pour le moment : ce n'est que du verbiage. Il est né dans un pays, dans un temps qu'il n'a pas choisis non plus, et dont il porte la marque. Et il faut le faire vivre : lui donnera-t-on, pour ne lui rien imposer, le choix entre les divers régimes possibles de nourriture, de vêtement, d'installation, entre le sein et le biberon, entre la ville et la campagne ? Le voilà donc pour la vie, avant qu'il ait pu s'affirmer, marqué d'empreintes indélébiles. Empreintes déjà morales et non pas seulement physiques : car ce sont déjà les traits du caractère que ces premières habitudes creusent dans le tempérament. Il ne se détermine, il ne devient un moi qu'en en subissant la servitude... et le bénéfice. Et que dire de l'hérédité intellectuelle, qui le fait naître intelligent ou borné, et des habitudes d'esprit qui commencent dès qu'il ouvre les yeux ? Il ne les ouvre que sur un milieu imposé par les parents ; il ne voit que ce qu'on met ou laisse sous ses yeux. Il restera toute sa vie plus ou moins prisonnier de ces images des premières années. Avant qu'on lui ait rien enseigné son esprit est déjà le reflet de ceux qui l'entourent, et même s'ils ne lui enseignaient jamais rien il dépendrait encore d'eux, de leur ignorance et de leur savoir, de leurs façons de comprendre, de juger, de parler, d'agir devant lui ; habitudes ou attitudes qu'ils lui imposent. Et ils enseigneront, bon gré mal gré, en violant sa liberté ; la mère enseignera, et le père, et le maître qui n'est là que pour cela. Et ils lui donneront, lui fourniront des idées, leurs idées, des idées toutes faites, dont l'enfant est avide, et dont il a besoin. Il faudra bien qu'ils lui donnent leur langage : empreinte, et combien profonde, de la langue maternelle. Ils lui donneront les noms des choses, les cadres de leurs classifications, leurs concepts, leurs jugements, leurs certitudes, tout l'arsenal de leurs affirmations. Voit-on une mère ou même une maîtresse multiplier les précautions critiques, avertir à tout instant leur élève de trois ans qu'elles lui disent ce qu'elles pensent mais qu'il devra vérifier? Conçoit-on un père ou un maître s'abstenant de juger et de conclure devant l'enfant ou l'adolescent, le laissant seul en face des faits et des objets, s'appliquant seulement à les faire tous défiler devant lui? (1) Lui exposeront-ils l'état de chaque question sans omettre aucune thèse ni hypothèse, sans choisir ni apprécier, sans paraître rien croire eux-mêmes, sans laisser voir, même dans le ton de la voix, de préférence, plus impassibles et plus impersonnels

____

(1) « Nous n'enseignerons que le fait, le fait démontré et prouvé. » Bourgin, *La méthode positive dans l'Enseignement. Revue Universitaire*, janvier 1912.

que des phonographes? (1) Cela est impossible, et cela est absurde. C'est justement le contraire de ce que veut l'enfant. Mais la théorie le veut : théorie savante qui n'ignore que deux choses, l'enfant et la vie. Elle ne connaît que l'étudiant, et le laboratoire où le maître peut se borner à dire : Voyez, cherchez, réfléchissez, faites-vous des idées. Mais non : cela même est faux. Et le maître qui n'affirmerait pas ses propres idées, qui n'aurait pas de prise sur de jeunes esprits n'aurait bientôt plus d'étudiants. Car l'étudiant lui-même a besoin de croire à la compétence, à la supériorité de son maître, d'avoir foi en lui (2). Et quand il serait possible aux parents et aux maîtres d'être assez cruels pour n'enseigner que le doute méthodique, auraient-ils donc laissé le jeune esprit sans empreinte? N'est-ce

(1) V. dans le chapitre suivant ce qui concerne la neutralité officielle et les limites des droits des maîtres de l'École.

(2) Rain, *La Science de l'Éducation*, trad., 2ᵉ éd., p. 70 : « Il existe un mobile... de sympathie, d'affection et d'admiration pour une sagesse supérieure,... qui nous fait aimer à recueillir et à apprendre à la lettre l'enseignement du maître... Sans doute cette tendance peut dégénérer en servilité...; mais, quand elle ne va pas trop loin, ce n'est, après tout, que l'attitude qui convient à un élève. Elle accompagne un sentiment convenable de la réalité : l'élève n'est qu'un élève, et non un maître ou un inventeur... Ceux qui commencent un art ou une science doivent avoir une foi aveugle et qui ne déserte pas. »

donc pas une habitude, et qui tend à la mono-
manie, que de ne jamais rien affirmer avant d'a-
voir tout vu, de ne se fier qu'à soi-même, de
penser qu'on suffira à tout vérifier et à tout trouver, qu'il ne faut jamais croire personne? C'est
une empreinte, après tout, et une foi, la foi
orgueilleuse en soi-même, la « foi au doute (1) »,
comme disent les pontifes du scepticisme, une
foi qui a ses dévots, ses prêtres et ses sectaires.
Cette prétendue libération de l'esprit est aussi
bien une servitude. Et c'est déjà une attitude
morale qu'on aura imposée à l'enfant; on aura
pris parti pour lui en le vouant à l'intellectualisme du dilettante.

Mais l'empreinte de l'action elle-même et de la
pratique, de la conduite des parents sera autrement forte et plus inévitable encore. Même s'ils
pouvaient s'abstenir de commander et de défendre, de contraindre et d'empêcher, ils agiraient
encore sur lui par l'exemple. Ce qu'ils font devant
l'enfant importe plus que ce qu'ils lui font faire,
tant il a besoin de les imiter et de les prendre
pour guides. Ce n'est pas seulement leur parole
qu'il faudrait écarter, c'est leur présence même, et

(1) A. France, *Discours au dîner des Rabelaisants*. mars
1912. Il est vrai qu'il ajoute, en homme qui s'amuse et qui
joue avec sa foi, comme avec le reste : « Doutons même du
doute. »

toute présence humaine, pour laisser l'enfant réagir seul par le sentiment et l'action, selon sa nature, c'est-à-dire selon une nature qui n'est pas encore sienne et qui ne peut le devenir sans être aidée. Mais pourquoi s'attarder à réfuter une fois de plus le système simpliste des réactions naturelles, qui ne se soutient qu'en cessant d'être un système, en confiant aux éducateurs le maniement de ces réactions mêmes, et en faisant une place à leurs propres réactions? Il n'y aurait plus lieu de discuter ces formules si elles ne séduisaient encore pour un moment des hommes distingués et renseignés pourtant, des hommes d'expérience et de pratique pédagogiques (1). C'est à la fois l'hérédité et l'habitude que ce « libéralisme » prétend supprimer, c'est-à-dire les solidarités du temps, dont chaque moment met son empreinte sur l'avenir, aussi bien que celles de l'espace, celles aussi de l'amour le plus naturel, en un mot les conditions les plus nécessaires de la vie, d'une vie d'enfant. Voilà la merveille de cette pédagogie naturelle et scientifique. Il ne reste plus qu'à dire que le droit de l'enfant sera violé tant qu'il ne sera pas libre de choisir ses parents, ce qui serait un singulier retour à la nature, et de quoi Platon lui-même n'a pas eu l'idée.

(1) Vœux du Congrès des Amicales d'Instituteurs. Nancy 1909. — V. *infra*, ch. VII.

M. Lanson traduit une vue plus juste sur cet « embarrassant » droit de l'enfant, qui est celui d'une puissance, d'une espérance à respecter, à protéger, à aider. « C'est le droit, ajoute-t-il, d'être un jour un homme, une personne libre, autonome, capable de choisir ses actes, ses principes d'action, de distinguer la science et la croyance et de mesurer lui-même avec réflexion la part qu'il convient de faire à chacune dans sa vie ;… son droit est donc de recevoir une éducation qui le prépare à cette autonomie, qui crée et développe la personnalité consciente, la réflexion, la raison, la volonté…, il a droit à une éducation libérale et rationnelle. C'est l'idée directrice qui servira, sinon à concilier, ce qui est une œuvre de logicien travaillant dans l'abstrait, du moins à limiter l'un par l'autre, le droit du père et le droit de l'enfant, et à leur faire leur part dans la pratique (1). » Et il n'entend point qu'on étale toutes les doctrines et opinions devant l'enfant pour les offrir à son choix. Sa capacité de choisir sera formée d'abord, et sur d'autres problèmes plus à sa portée. Mais il faudra le mettre à même de choisir un jour en pleine autonomie.

L'idée traduite en ces termes paraît tout à fait

(1) *Revue de Métaphysique*, 1905, p. 639-664.

plausible. Pourtant veut-on dire que tous les
enfants seront préparés à être un jour de petits
Descartes, et cela est-il possible ? Si le père a,
comme on le lui reconnaît, « le droit et le
devoir de défendre son enfant contre le mal et
l'erreur, c'est-à-dire contre ce qu'il estime
tel », comment lui interdire de voir un mal
et un danger dans le doute, même provisoire,
sur les croyances essentielles, même dans cette
absolue autonomie à laquelle tous ne croient
point ? Peut-il, en tous cas, élever son enfant
dans une croyance, et le disposer par avance
à la comparer un jour froidement à toutes les
autres, comme un savant compare des hypothèses ? Certes, le problème est angoissant ; mais
il faut voir les faits tels qu'ils sont, et la nécessité des choses. On ne connaît pas une croyance
si l'on y reste extérieur, si on ne la vit pas ; et
on ne peut en essayer quatre ou cinq l'une après
l'autre. Si l'enfant en a vécu une, il pourra la
rejeter, se retourner violemment contre elle ; il
ne la traitera pas en critique impartial. Et n'en
vivre aucune, c'est se classer tout de même, et
déjà nier, c'est-à-dire croire. Réclamer ce régime
pour l'enfant, c'est réclamer l'impossible, étant
bien entendu qu'on ne veut pas, sous prétexte
de préparation à la pensée libre, l'attacher à la
croyance du plus fort ou l'y conduire. D'autre

part, cette liberté qu'on veut pour lui dans le domaine métaphysique ou religieux, on n'en veut plus dans le domaine de la cité positive. M. Lanson lui-même demande qu'on prépare l'enfant à être citoyen, père de famille, en même temps qu'individu distinct. Avec raison, certes; et on veut aussi, cela va sans dire, qu'il soit honnête homme selon la morale commune, et patriote. Mais c'est prendre parti, et d'autorité : c'est choisir entre des théories, c'est éliminer par avance, autant qu'on peut, l'anarchisme, le droit de « faire sa vie » au mépris ou aux dépens des autres, c'est former le préjugé du bien. Et l'on peut aussi bien vouloir que l'enfant soit, *en même temps*, membre d'une cité idéale ou d'une société spirituelle, fidèle d'une Église. Dans un cas comme dans l'autre c'est le mettre dans le sillon d'une tradition, qui limite son choix ou rend assez malaisée pour la moyenne l'opération de nos futurs Descartes. Ce n'est pas en purs esprits critiques qu'ils prendront un jour personnellement parti pour ou contre ces traditions mêmes.

On voit combien il est difficile que le père exerce tout son droit ou plutôt fasse tout son devoir, s'il doit en même temps préparer l'enfant à tout connaître un jour pour tout comprendre et pour tout juger. Et quand il le pourrait, il aurait déjà fait choix pour son enfant, et à sa place, d'une doctrine qui est la doctrine libérale. Il l'a, comme on l'a dit, mis au monde sans sa permission ; de même, d'une façon ou de l'autre il le fait baptiser ; l'enfant ne peut être laissé neutre ni dans la cité positive, ni dans l'autre. Et c'est toujours un acte du père et de la mère qui est cause responsable de sa naissance spirituelle comme de l'autre. Pourtant ce libéralisme, celui du doute méthodique garde son rôle et sa valeur, et nous n'entendons pas y renoncer. Il reste nécessaire et possible ; mais c'est dans le domaine des idées pures et de la recherche scientifique. Il n'est possible que là, et on peut l'imposer. Encore n'est-on jamais sûr d'avoir écarté toute présomption ou sympathie, et la liberté pure reste théorique ; mais il faut l'enseigner. Ailleurs, je veux dire, sur le terrain du sentiment et de l'action, de la raison du cœur (1), bon gré mal gré, l'éducateur — et le maître aussi bien que le père — limite le choix de l'enfant dans l'avenir. Pourquoi vouloir se faire illusion ? Il faut voir la nécessité telle qu'elle est. Elle tient

(1) Il est évident que les frontières sont incertaines. Il y a dans les objets des croyances des points de fait qui relèvent de l'esprit critique, comme, inversement, le sentiment a sa part dans certaines conceptions de science ou de philosophie scientifique. Mais il ne s'agit ici que du principe, et de la distinction fort nettement posée par M. Lanson lui-même.

à la condition même de l'homme; et elle a ses bienfaits, qui sont ceux de la solidarité des générations. Quoi qu'on en pense, il faut en prendre son parti, en réservant, bien entendu, et nous y reviendrons, le droit de la société, en imposant au père le devoir moral d'éprouver lui-même de son mieux ce qu'il enseigne et d'enseigner la sincérité. Le droit de l'enfant reste, avant tout, le droit à la bonne volonté et à l'amour.

Et ne peut-on que limiter un droit par l'autre? La conciliation ne serait-elle qu'œuvre de logicien opérant dans l'abstrait, loin de la pratique? Mais n'est-ce pas la pratique même qu'on veut rationaliser, apaiser par ces limitations? Et cet apaisement rationnel n'est-il pas conciliation? Sans doute la justice stricte, positive et politique, ne fait la paix qu'en marquant une limite entre des forces qui naturellement s'opposent, s'affirment l'une en face de l'autre. Du moins elle tend à concilier dans une raison supérieure les raisons individuelles : c'est le sens profond de l'idée de droit, et qui lève l'opposition. Mais l'enfant, nous l'avons vu, n'est encore ni une force ni une raison. Faut-il renoncer à concilier son droit avec celui des parents? Oui, si l'on s'obstine à voir en lui un être déjà limité et déjà fait, un homme en raccourci. Et c'est alors qu'on est embarrassé pour définir son droit; mais c'est alors aussi qu'on opère dans l'abstrait et dans le logique. C'est le rationalisme sec du XVIIIᵉ siècle qui pose l'enfant comme un terme hétérogène et déjà *autre*; et c'est lui qui échoue à concilier les deux droits. Dans la pratique, dans la réalité, dans la vie il n'en va pas ainsi. L'enfant n'est pas posé à part des parents; il y a du *même* dans cet autre; il y a d'eux à lui une continuité aussi bien morale que physique. Ils sont encore en lui comme il était déjà en eux par avance; il est encore en eux puisqu'en eux s'élabore pour une part son avenir. Ils ne sauraient avoir de droits qui s'opposent aux siens; ils n'ont que le droit de faire leur devoir de père et de mère. Et cela ne veut pas dire qu'ils n'en ont aucun, comme on l'entend parfois. On n'a pas de devoir sans un droit très positif — le droit même de faire son devoir — envers ou contre ceux qui y peuvent mettre obstacle. Cela va loin, ici même. C'est, par exemple, le droit de défendre la vie, la santé, la moralité de l'enfant contre toute contagion, suggestion ou contrainte. Ce droit du père est sacré. Et il a encore, vis-à-vis de l'enfant lui-même, un pouvoir d'autorité, de contrainte s'il le faut, sans lequel le devoir même de protection serait impraticable. Mais c'est le droit même de l'enfant qui le définit et l'exige, loin de s'y opposer. Car on entend mal, pour l'ordinaire, l'idée d'autorité. On la

confond avec le *Sic volo* orgueilleux et arbitraire ;
et quand on l'admet, c'est comme un expédient
regrettable, un mal nécessaire, et dont il faut
avoir honte. « Il faut dérober aux enfants leurs
lisières, dit Diderot, afin de conserver en eux le
sentiment de la dignité, de la franchise, de la
liberté. » L'autorité devra donc mentir pour jouer
son rôle, ou, si elle se montre, s'excuser et
demander pardon? Oui, peut-être, si l'on veut
que ce droit d'auteur (*auctor*) soit, ici comme
ailleurs, un droit de propriété sur un produit ou
sur une œuvre ; l'enfant n'est pas un produit.
Mais l'autorité vraie est partout, et elle est, surtout ici, autre chose que l'arbitraire. Sans doute
elle est pour une part cet ascendant naturel et de
tempérament, ce pouvoir d'action, d'influence,
de suggestion qui décide un autre être à l'action.
Mais elle est plus et mieux (1). Elle appartient
plus encore, pour parler avec Maine de Biran, à
la vie humaine qu'à la vie animale. C'est un
ascendant moral, une supériorité, au moins
d'âge et d'expérience, qui fonde le pouvoir de
commander. C'est un pouvoir de raison qui en
s'exerçant donne l'exemple d'une volonté obéissant elle-même à une loi. Mais ceux qui, suivant
Kant, n'y voient qu'une rigide et froide raison,

(1) V. Rollin, *Traité des Études,* livre VIII.

tenant à distance deux êtres respectueux l'un de l'autre et du devoir, deux libertés impénétrables, ceux-là manquent de comprendre le lien profond des âmes. L'autorité est un rapport de raison, mais elle est autre chose, même chez un chef, chez un maître, surtout chez un père ou une mère. C'est aussi un pouvoir d'amour qui attire au bien et qui aide à grandir, qui provoque et soutient la croissance morale, qui élève enfin par un rapprochement, une interpénétration de deux êtres dont le plus fort va au-devant de l'autre. C'est, suivant une heureuse formule, la démarche « d'une âme qui se donne » (1) pour élever. L'autorité est donc un don de soi, de tout ce qu'il y a de meilleur en soi ; c'est l'amour du supérieur pour l'inférieur, l'amitié καθ' ὑπεροχήν que définit Aristote, la tendresse qui engendre et fait vivre le bien dans une âme. Aussi avions-nous tort de parler ici de raison et d'amour comme de deux éléments différents. La raison qui agit et qui élève ne peut être que vivante et animée ; et sa vie ne peut être qu'amour, union de volontés qui se donnent l'une à l'autre, lien supérieur et affection d'âmes. L'amour

(1) **Laberthonnière**, *Théorie de l'Éducation*. Cité dans le livre distingué de M. Legendre, *Le problème de l'Éducation*, p. 77. V. tout le chapitre IV.

du bien n'est qu'un élan de nos raisons vers la Raison souveraine; et celle-ci, ne pouvant être impersonnelle et impassible, identifie intelligence, action et bonté dans cette autorité suprême dont celle des parents n'est que l'imitation. Voilà le droit des parents. Et c'est la même chose que le droit de l'enfant. La conciliation n'est donc point si malaisée.

Et l'obéissance vraie, celle de l'enfant surtout, n'est point cette soumission déprimante, cet arrêt que nous montre une psychologie trop simple, un naturalisme superficiel (1). Sans doute l'enfant a besoin aussi de la contrainte des dressages salutaires. Mais quand, à proprement parler, il obéit, il se soumet à une supériorité reconnue et aimée; il se met sous sa protection. Il sent que cela est dû et lui est dû; sentiment fortifiant, dynamogénique, puisque c'est le besoin et la joie de grandir. Et c'est sans doute une démarche de raison pure, l'obéissance libre et volontaire de la discipline libérale. Mais c'est autre chose aussi, même chez les adultes, chez les soldats par exemple, je veux dire une bonne volonté touchée de sympathie, qui livre sa confiance et qui, nous venons de le dire, est encore raison, une raison plus haute. *A fortiori* chez l'enfant, être d'instinct

(1) Ribot, *Les maladies de la volonté*, Introduction.

et de sentiment; son obéissance est plus affectueuse que rationnelle; ou plutôt en devenant de plus en plus raisonnable elle ne cesse pas d'être affectueuse. Il obéit pour faire plaisir, de l'aveu de Kant lui-même; il se donne. Et même quand il se refuse et boude contre son père ou sa mère, il sent encore qu'il a besoin d'eux et de leur tutelle. Il voudrait que son caprice fût légitimé, autorisé, non que l'autorité fût absente. Quand il cède — souvent c'est de bonne grâce si on sait lui parler — il se retrouve dans l'ordre, à sa place d'enfant; et il livre sa main à celle qui vient la prendre pour le conduire, sa volonté à celle qui l'aide à grandir. Car il grandit en imitant, par cette soumission à la règle, ceux qui pour lui sont la règle vivante. Il se commande à lui-même et fait ainsi l'apprentissage de l'autorité intérieure, de la vraie liberté. Rien n'est plus manifeste dans ces crises où une rébellion plus ou moins prolongée est suivie d'un retour en grâce. Ce n'est pas, tant s'en faut, une dépression, mais une joie de croissance pour l'enfant. Et c'est là ce qu'on peut appeler « les naissances de la liberté de l'enfant créée par l'autorité paternelle » (1). Il n'y a pas d'autre moyen pour les parents de respecter l'enfance dans l'enfant,

____

(1) Legendre, *ibid.*, p. 83.

suivant le mot de Rousseau, et les droits qui paraissaient mal s'accorder coïncident à miracle et jusqu'à se confondre dans cette justice qui n'est qu'amour.

Il n'y a évidemment pas lieu de discuter la thèse qui opposerait aux droits de l'enfant ceux de ses proches, grands-parents, oncles et tantes, ou ceux des aînés sur les cadets. Il est trop clair que leurs droits sont de même espèce que ceux des parents, et de moindre degré, sauf le cas où l'un d'eux remplace le père ou la mère, disparus ou indignes. Du reste cette thèse est bien loin de nos mœurs, et de nos idées. Nous ne comprenons plus la famille patriarcale, et la vie moderne relâche de plus en plus ces relations. Surtout il importe d'en dire un mot, car elles sont souvent non seulement distendues, mais faussées.

1° S'il n'y a plus guère de grand-père ou d'oncle qui prétende exiger l'obéissance des anciens âges, il y a de plus en plus d'enfants qui prétendent ne leur rien devoir, et n'avoir vis-à-vis d'eux que le droit d'être gâtés. Ceux qui, dès l'adolescence ou même dès la fin de l'enfance, veulent vivre leur vie, ceux qui bientôt présenteront sans prévenir leur fiancée à leurs parents et imposeront à l'intimité du foyer celle qu'ils auront choisie sans eux ou malgré eux, ceux-là ne sont guère disposés à accorder quelque déférence, même pour la forme, aux avis d'un proche ou d'un aîné. Il y en a cependant quelques autres, plus qu'on ne pense, peut-être, pour qui la tradition n'est pas morte. Ils y resteront fidèles, soit à des occasions et pour des démarches consacrées, soit même dans les rapports quotidiens. Encore cette fidélité ne traduit-elle pas toujours une foi : certains d'entre eux ne se libèrent qu'en maugréant de ces corvées (1), ou ne s'acquittent du devoir que par des formules et des gestes après lesquels on reprend toute liberté de raillerie ou d'indifférence. Ce qui est certain, c'est que la parenté ne suffit pas, même pour les grands-parents, à obtenir le respect vrai des petits enfants et des neveux. Il y faut une valeur personnelle, une affinité ou un ascendant qui parfois prend l'enfant tout entier sous l'autorité d'un grand-père ou d'un oncle. Mais ce sont des exceptions. L'ordinaire devrait être la déférence. Je n'entends pas seulement que la nature impose normalement ce devoir à l'enfant vis-à-vis de ceux qui sont si près de lui et qui complètent le cercle de famille. Je dis, d'accord avec tout ce qui précède, que les droits, ici non plus, ne sont pas opposés comme ceux qui limitent et contraignent des libertés. Il

(1) V. Géraldy, *Noces d'argent.*

est de l'intérêt même de l'enfant que ces liens soient solides, plus qu'ils ne le sont aujourd'hui, et que le faisceau soit nombreux et fort des grandes amitiés naturelles qui peuvent le défendre. Un jour peut venir — il est venu depuis la guerre pour des millions d'enfants — où le père manque ; d'autres fois c'est la mère ; et ils ne sont vraiment, dans la mesure possible, remplacés auprès des orphelins que par l'autorité et la tendresse d'un de ces proches. Malheureux ceux auprès de qui on n'en trouve point, et qui sont livrés aux hasards d'une tutelle étrangère ! Encore faut-il que ce remplaçant naturel ne soit pas pris au dépourvu, sans autre relation avec l'enfant que banale et superficielle, sans ascendant ni influence, mal connu peut-être ou mal vu de lui et indésirable, à tout le moins indifférent. Tout autre est le rapport normal, qui dès les premières années les attache l'un à l'autre par une confiante sympathie, sans ombrage pour l'autorité des parents. L'enfant apprend à compter sur ceux qui, comme eux et après eux, l'ont accueilli avec joie, l'ont caressé, ont reçu ses caresses, et ne demandent qu'à mettre à son service, suivant leur rang et leurs moyens, leur expérience et leur dévouement. C'est un droit pour lui, et que les meilleurs d'entre eux ne sont pas, tant s'en faut, portés à méconnaître.

Ils ont droit aussi à n'en être pas découragés par l'attitude des parents et par celle que prend l'enfant lui-même si les parents l'ont mal élevé.

Mais il a droit en retour à ce qu'ils restent eux-mêmes à leur rang et surtout dans leur rôle. Et cela est rare. Quelques-uns seulement savent le faire et ont la sagesse ou l'art, qui n'est pas toujours celui qu'on pense, d'être grand-père, grand'mère, oncle ou tante ; remplaçants de bonne volonté, s'il le faut, et compétents, toujours bienveillants, prêts à donner le bon conseil et le bon exemple, mais discrets aussi, réservés, attentifs à ne pas gêner ni démentir l'action des parents, prudents à les avertir d'une erreur ou à leur suggérer une pratique plus sage. Car les parents ne sont pas nombreux qui ne soient pas à la fois très jaloux du droit d'élever à leur guise leur enfant, et très assurés que leur génération n'a pas de leçon à recevoir, étant plus au courant, soit de la mode, car la mode est jusque-là souveraine, soit des idées nouvelles. Ils ont assez souvent raison. S'ils se trompent, ils n'acceptent pas volontiers d'en être avisés par les anciens, qui ont fait de même en leur temps.

Le rôle des anciens est donc parfois difficile. Sauf quelques-uns, qui restent autoritaires et exigeants, la plupart tombent dans l'un ou l'autre de deux excès où ils manquent également à ce qu'ils doivent à l'enfant. Les uns se donnent pour fonction ou pour habitude de le gâter, ce qui ne saurait être son droit. Sans doute cela s'explique. Ils n'ont pas la responsabilité de son éducation ; et ils ont une tendresse qui, n'ayant que de rares occasions de se traduire et de jouir de celle de l'enfant, le veut gagner par des témoignages et des succès immédiats ; cadeaux et friandises, tolérances et privautés de toute sorte. Question de mesure, tout le monde en est d'accord ; mais la mesure est dépassée, au détriment de l'enfant, si les proches le livrent à ses caprices et appétits tandis que les parents les combattent. Il a droit à la collaboration de tous ceux qui l'élèvent, et à la libération spirituelle. A l'autre « école » appartiennent ceux qui, insouciants de toute responsabilité, prennent l'enfant comme jouet. Pour ne pas se ravaler aux enfantillages, ils traitent trop tôt le garçon en grand garçon et le mettent sur le plan de leur âge ; ils l'incitent, par défis et bravades, à des actes, à des gestes et paroles d'adulte, parfois de mauvaise compagnie, et se divertissent soit de ses gaucheries et timidités, soit des hardiesses où il commence de se dépraver. Assurément c'est plutôt le fait de certains amis des parents, et il ne faut pas tourner les choses au tragique, ni confondre l'humeur joviale, l'entrain, même inconsidéré, avec un entraînement intentionnel à la dépravation. Mais il faut bien parler ici de tout ce que l'enfant a droit à recevoir non seulement des parents, mais de tous ceux qui font partie de la famille ou qu'ils y admettent. Et il faudrait sans doute parler des domestiques, dont l'action est si souvent désastreuse, et à qui les parents sont si souvent impardonnables de confier leurs enfants pour se rendre libres. Mais, si grave que soit le mal, il n'y a point ici de question possible au sujet de leurs droits. Ils n'ont sur l'enfant, et pour son bien, que ceux qu'ils tiennent de la délégation des parents ; ils ont aussi pour eux-mêmes droit à un respect que bien des fois l'orgueil des parents méconnaît, et habitue, contre son intérêt, l'enfant à méconnaître en lui apprenant à les traiter comme des inférieurs, et le faisant servir comme un maître.

Autrefois l'enfant ne paraissait que très tard à la table ; et cela ne valait pas mieux s'il était aux mains de certaines nourrices ou servantes. Aujourd'hui, pour notre joie, il y est admis beaucoup plus tôt, beaucoup trop tôt au salon ou au cabaret. Car nos conversations, pour ne rien dire de plus, ne le respectent pas toujours. C'est au mépris de ce qui lui est dû que nous parlons de tout devant lui, et de ce qui vaut le moins dans notre propre vie. Mais il ne s'agit pas ici du détail des applications : ce serait l'objet d'un autre travail. Il ne s'agit que des principes, et il suffit de bien établir qu'il n'y a pas de conflit de droits. Le droit des proches, comme celui des parents et dans le cadre de leur rôle, n'a pas à s'affirmer contre celui de l'enfant. Du moment qu'il est là, ils n'ont pas ou n'ont plus, s'ils l'ont jamais eu, le droit de parler et de se comporter à leur fantaisie. Ils n'ont ni à le prendre comme jouet ni à se laisser prendre par lui comme jouets. Proches ou amis, dans l'intimité familiale, sont attachés à lui par un lien de respect et de tendresse qui prime tous les droits et qui suffit à assurer les siens dans un accord à la fois naturel et moral.

CHAPITRE V

L'État. — La vie publique

Théorie plausible dans l'abstrait, dira-t-on, mais théorie pure, simpliste, et combien loin de la réalité! Outre que chacun ne peut pas donner tout son temps pendant vingt ans à sa fonction de père ou de mère, deux raisons condamnent cette thèse, l'une tirée des droits mêmes de l'enfant, l'autre tirée des droits de la Société. La famille n'est pas un petit monde fermé et qui se suffise. Elle n'a pas sa fin en elle-même, et l'enfant n'a pas en elle sa destinée.

Il y a d'autres droits que les siens, et d'autres devoirs. Même normale, elle n'a pas non plus en elle tous les moyens de l'éducation. Or, elle n'est pas toujours normale; elle l'est de moins en moins, et l'instinct même en est de moins en moins vigoureux. Il faut voir la réalité telle qu'elle est, et y adapter les théories; ou plutôt c'est dans le réel qu'il faut définir la justice même.

Souvent c'est le droit de l'enfant qui, le premier, veut que les parents soient remplacés! Et d'abord les parents morts ou absents : il faut élever les orphelins et les abandonnés. Puis les parents condamnés à la prison, à la relégation, qui laissent aussi des orphelins; et tous ceux, aliénés, paralysés, incurables, coupables, dont les enfants sont moralement abandonnés s'ils ne sont pas des victimes, et des martyrs. Ils manquent à leur fonction : il faut qu'elle passe à d'autres; car la justice, ainsi que la vie même, veut qu'elle soit remplie. Sans doute les remplaçants, l'un d'eux au moins, se trouvent en général tout près de l'enfant. C'est la mère qui remplacera le père défaillant, ou réciproquement. C'est un des proches ou un ami qui sera tuteur; il en faut toujours un pour assister la mère veuve ou pour assurer un contrôle. Mais il faut choisir ce remplaçant ou cet assistant, et définir la situation nouvelle de l'enfant. Il le faut aussi quand les parents, même sans être indignes ou incapables, ne peuvent ou ne veulent plus vivre ensemble auprès de lui. Il faut dire ce que deviendra l'enfant dans le divorce ou la séparation. Il faut un arbitre et un juge.

Même dans le cas le plus naturel et normal le

pouvoir des parents ne peut pas plus qu'un autre être laissé sans limite et sans contrôle dans une société organisée. Leur droit, avons-nous dit, est de faire leur devoir. Il arrive aux plus honnêtes de le mal comprendre ou de l'ignorer, aux mieux renseignés d'y manquer, par passion ou par omission. Et ce n'est pas l'enfant qui peut réclamer. Ce n'est donc pas seulement un juge qu'il faut, mais un protecteur, aussi autorisé, aussi puissant que possible, et dont l'action, comme l'attention, soit toujours présente. Ce rôle ne peut revenir qu'à l'autorité et à la puissance publiques, à l'État. Une Église même, une société spirituelle ne pourrait s'en charger que si elle avait l'État dans sa main ou à son service. C'est à lui qu'il appartient d'assurer par la force temporelle le respect des droits, ceux des faibles comme les autres, ou avant les autres.

C'est sa fonction même vis-à-vis des individus. C'est son devoir aussi vis-à-vis de lui-même, et surtout quand il s'agit des enfants. Il est dans une certaine mesure responsable de leur naissance. De plus, et surtout, chacun d'eux doit être un jour un membre de la cité; il importe à la cité qu'il vive et prospère jusque-là, qu'il soit pour elle une force au lieu d'être une non-valeur et un déchet (1). Car elle est une société perpé-

(1) Il lui importe même qu'il y en ait un assez grand

tuelle, et qui doit dans le présent assurer l'avenir, c'est-à-dire sa propre conservation. C'est le sens du pacte politique; et le droit de l'enfant coïncide avec le droit de la vie sociale et le devoir de l'État.

Ce n'est pas tout. L'État a le devoir aussi de concilier les libertés individuelles avec la paix sociale, d'empêcher par conséquent que les enfants ne soient élevés contre la société, contre la moralité, contre la patrie; car il a la charge de ce qui est commun et de ce qui doit durer à travers les changements ou progrès nécessaires. Et c'est une empreinte, nous l'avons vu, mais sans laquelle il n'y a pas de solidarité sociale, ni dans le temps ni dans l'espace, pas de vie sociale. Empreinte salutaire du reste; car c'est le salut de l'enfant de n'être pas déraciné et dépaysé, de n'être pas élevé contre ses semblables, pour la haine et pour l'anarchie. Il n'y a pas là de conflit de droits, ni même de limitation regrettable. Et cela encore s'accorde fort bien avec les droits des parents puisqu'ils ont, eux aussi, pour fonc

---

nombre. Elle doit donc favoriser l'accroissement ou le maintien de la natalité. Elle y manque souvent de nos jours, malgré le mouvement d'idées qui s'affirme depuis la guerre; et il y a des causes politiques de la dépopulation dans un régime où la politique est si favorable aux célibataires. Mais nous n'étudions ici que le droit de l'enfant.

tion d'adapter l'enfant à la vie sociale. Les plus ardents à réclamer soit la liberté, soit l'unité de doctrine ne s'y peuvent refuser. Sur le principe tout le monde doit être d'accord, et l'est à peu près en fait (1).

Mais pour la pratique il faut préciser ; et l'on ne s'entend plus sur la mesure des applications, c'est-à-dire des interventions de l'État. Son rôle est évident et assez facile à définir quand les parents sont, naturellement ou civilement, *morts* ou *absents.* Il intervient pour trouver ou installer des remplaçants ; il nomme ou investit les tuteurs, les membres du conseil de famille ou de tutelle ; il soumet leur gestion à l'autorité judiciaire. Les législations modernes tendent à organiser plus méthodiquement cette fonction en la confiant à un conseil supérieur de tutelle. L'intervention de l'État s'impose encore, et de plus en plus, contre les parents *coupables* qui refusent à l'enfant l'entretien, la nourriture, un minimum de moralité. Elle s'exerce d'abord par

(1) « L'État a bien le droit de vouloir quelque chose au sujet de l'enfant qui vient de naître... Il faut voir dans l'État l'État lui-même, c'est-à-dire l'ensemble de tous les citoyens, non seulement ceux qui sont, mais ceux qui seront et qui ont été : la nation en un mot avec son passé et son avenir, avec son génie, sa gloire, ses destinées. » (Thiers, *Discours parlementaires,* VI, p. 46.)

des avertissements et des sanctions ; mais elle peut aller jusqu'à cette mesure extrême qui récuse la nature et proclame déchue la puissance paternelle. C'est la peine de mort morale appliquée au père ou à la mère : grave attentat, et pourtant nécessaire pour sauver la vie, morale ou physique, de l'enfant.

Mais faut-il attendre qu'il soit en danger de mort? Et si l'on prévoit les défaillances qui y mènent, si on voit apparaître les causes qui poussent comme fatalement les parents au crime, à la brutalité, faut-il hésiter à prévenir un mal certain et qu'on ne saurait pas guérir? Car il sera trop tard pour sauver l'enfant, sinon de la mort du moins de l'immoralité, quand il aura vécu quelques années dans la contagion du vice, au contact de la débauche. Dès que l'enfant est moralement abandonné il faut lui assurer un abri moral et social. Et ne faut-il pas aussi le soustraire à la contagion du mal physique, de certains maux du moins qui menacent en même temps, cela est prouvé, sa santé morale ? L'enfant n'a-t-il pas droit à être défendu contre la tuberculose ou l'alcoolisme des parents, contre la misère, qui en est chez eux tantôt la cause, tantôt l'effet, mais qui lui est toujours funeste? Il n'est pas juste qu'il grandisse ou plutôt s'étiole dans la misère ; et c'est aussi bien un péril social.

L'État interviendra donc. A l'assistance privée, à ses hasards, à ses incertitudes, à son insuffisance radicale il substituera des garanties légales, positives, scientifiques, une hygiène sociale qui n'est ici qu'une forme de la justice. Elle doit être de plus en plus scientifiquement organisée; elle ne peut l'être que si l'autorité règle toute la vie de l'enfant. On comprend déjà que le nombre sera grand des enfants retirés à la famille pour être confiés à la tutelle de l'État.

Cette prophylaxie va plus loin encore, nous le verrons. Mais songeons d'abord au contrôle que l'État doit exercer sur la famille ordinaire, sinon normale, aux limites où il doit enserrer la liberté des parents, leur autorité sur l'enfant. Ils ne peuvent être laissés libres de le faire travailler trop tôt ou trop longtemps à leur profit, de lui refuser un minimum d'instruction et d'éducation. Il a droit à n'être pas un illettré; et l'État, qui devrait peut-être refuser le bulletin de vote aux illettrés, doit le défendre et se défendre lui-même contre la misère intellectuelle. On comprend, sans qu'il soit besoin d'en rappeler ici le détail, tout le mouvement impérieux de mœurs et de législation qui a, dans tous les pays, élargi la tutelle de l'État. Il a dejà défini les limites imposées au travail de l'enfant dans l'industrie, l'obligation scolaire, le contrôle de l'enseignement privé, à la maison et à l'école, surtout l'organisation de l'école publique, avec ou sans monopole. Demain il en renforcera encore les cadres et la rigueur; il les appliquera à toute la vie qu'on appelle encore aujourd'hui post-scolaire. Droits de l'enfant et droits de l'État semblent bien s'accorder, non seulement pour rappeler les parents à leurs devoirs, mais pour établir la seule garantie efficace contre leur mauvais vouloir ou leur négligence, celle de l'action publique. L'instruction de l'enfant ne leur appartient plus, ni l'éducation sociale et politique. C'est à l'école qu'il passera la plus grande partie de ses journées.

Et c'est encore trop peu, dit-on, pour assurer une véritable et complète prophylaxie, l'hygiène totale, intégrale, du corps et de l'esprit, qui lui est due. Qu'on veuille bien prendre garde à cette grande nouveauté, non pas d'idées, mais de mœurs et d'institutions qui caractérise notre temps. Nous sommes — le mot, dont on abuse, n'est ici que juste — à un véritable tournant de l'histoire de l'éducation. C'est la science, paraît-il, qui en dessine le mouvement. Elle accuse et démontre, non seulement la négligence des parents, mais leur incompétence, d'autant plus dangereuse s'ils sont zélés. Il dirigent mal l'éducation dont ils restent chargés à la maison. Ils ne connaissent pas leurs enfants et ne savent ni les étudier, ni les gouverner. Ils sont extrêmes en tout, et instables. Tantôt ils les gâtent et sont lâches devant leurs exigences, leurs colères, leurs paresses ; tantôt ils sont eux-mêmes exigeants, impérieux, impatients, sévères jusqu'à les surmener ou les décourager. Tantôt ils les accablent de puériles et mièvres précautions de serre-chaude ; tantôt ils les laissent pousser comme de mauvaises herbes. Parfois ils les tiennent dans une enfance indéfinie et niaise ; plus souvent, presque toujours, ils les associent à leurs conversations, à leurs plaisirs, à leur vie d'adulte où se flétrissent les fraîcheurs de l'enfance, les générosités de l'adolescence. Ou encore ils les laissent vivre à leur gré hors de la maison, et livrent à tous les hasards une jeunesse qui ne se passe que trop tôt. Pour l'instruction ils ont en général tant d'ignorances et de préjugés, qu'ils sont incapables d'y faire œuvre utile. Ils ont oublié dans la vie tout ce que l'école leur avait appris ; ou, s'ils savent encore quelque chose, ils sont fort en retard et risquent de mêler des idées courtes, c'est-à-dire fausses, à ce qu'on enseigne à l'enfant ; enfin ceux qui sont instruits ne savent pas enseigner et opposent une pédagogie maladroite et prétentieuse à celle des maîtres. En un mot les parents ne veulent pas ou ne savent pas faire leur métier; ils gênent les vrais éducateurs, compétents et zélés, ceux de l'école qui appliquent à l'étude et à la direction des enfants les méthodes de la science. Qu'on demande l'avis des maîtres de l'école publique sur la collaboration de la famille. Les plus indulgents déclarent qu'elle pourrait les aider, mais qu'elle a tout à apprendre et devrait se soumettre d'abord elle-même à toute une éducation, que notre vie rend impossible. Les autres estiment qu'elle ne fait que du mal, en haut comme en bas, qu'elle détruit à mesure, par la parole ou par l'exemple, l'œuvre d'hygiène et d'éducation à laquelle s'efforce l'école. Sauf quelques exceptions, il souhaitent d'être seuls à former l'esprit ou le caractère de leurs élèves, délivrés de l'ingérence des familles, surtout si elles se groupent, même avec les intentions les plus amicales, en sociétés de parents (1).

Souvent, et de plus en plus, la famille abdique elle-même, soit par négligence, soit aussi peut-

(1) V. les revues d'enseignement (en particulier l'*Enseignement secondaire* de 1903 et 1904) et les livres de MM. Crouzet, Gache, Bouillot, que j'ai étudiés dans l'*Année psychologique*, tome XIII. V. aussi les comptes rendus des Congrès d'Hygiène scolaire, d'Education familiale, de pédologie, des Amicales de professeurs et d'instituteurs. C'est toute une littérature, trop peu connue sans doute du grand public et des familles.

être avec une vague conscience de son incapa-
cité et un sentiment juste au fond des vrais
intérêts de l'enfant (1). Et chez quelques-uns s'y
ajoute, très réfléchie et systématique, cette idée
que l'éducation est en principe une fonction de
l'État (2). C'est la thèse du rationalisme moderne,
qui se borne à laïciser l'ancien régime, et qui
confie à l'État la garde de l'idéal. Formule vague,
que chacun précise à son gré, suivant sa philosophie, mais qui du moins exclut l'autonomie
des individus et l'autorité des églises. Dans le
désordre des égoïsmes et le désarroi des croyances, c'est l'État qui recueille la succession des
théologies, définit les formes et la mesure de
l'idéal nécessaire, lui fait sa part dans son budget et dans son personnel de fonctionnaires.
Chacun peut vaquer aux obligations de la lutte
pour la vie, et à l'administration de ses plaisirs.
L'État lui réclamera le temps et l'argent qu'il
convient pour le culte officiel du vrai, du beau,
du bien. Et c'est dans les bureaux d'un ministère

(1) Rousseau se justifiait ainsi, Dieu sait avec quelle sincérité, d'avoir jeté ses enfants à l'Assistance publique.

(2) Renouvier attribue à l'État dans l'*état de guerre* (qui
est celui de la vie actuelle) le droit d'employer la contrainte
dans l'éducation, comme « moyen radical et unique d'arriver à la réforme des coutumes injustes et de rendre les
hommes libres et dignes de la liberté » (*Science de la Morale*,
I, 603-604).

que sera entretenu le feu sacré. Que serait, déjà maintenant, la science, surtout la science pure, que serait l'art sans les institutions et fonctionnaires d'État, sans les crédits inscrits au budget, sans les Universités, Écoles, laboratoires d'État, sans les commandes, subventions et encouragements de l'État? Livrés à eux-mêmes, les individus tomberaient, par la force même des choses, dans la misère de l'utilitarisme. C'est l'État qui en sauve ou en doit sauver dans chaque pays l'humanité. La nationalisation de l'idéal concentre et excite en même temps les énergies idéalistes des individus, et en multiplie le rendement par une sage économie.

L'organisation la plus urgente est celle de l'éducation. Elle ne vaut que si elle est désintéressée; elle ne sera efficace que si elle est scientifique; elle ne peut l'être qu'aux mains de l'État. Comment serait-elle désintéressée si elle est une entreprise astreinte à faire des bénéfices? Comment sera-t-elle scientifique si elle est laissée, ne fût-ce qu'en partie, aux routines ou aux fantaisies individuelles, si l'écolier en perd le bénéfice hors de l'école, et y rapporte la contagion des maladies et des erreurs de la maison? C'est l'État seul qui peut détruire le taudis; lui seul aussi peut défendre l'enfant contre l'ignorance et les préjugés. Et les lois, toujours éludées sinon inapplicables, sur l'obligation scolaire ou post-scolaire, n'y sauraient suffire. L'enfant sera victime tant que l'éducation ne sera pas tout entière chose d'État, garantie contre la liberté de l'ignorance et de l'erreur, contre les dissensions des dogmes et des sectes, contre l'anarchie enfin. L'État seul rapprochera les sentiments dans l'unité d'une doctrine morale et sociale, les esprits dans l'unité de la science.

La thèse n'est pas neuve, mais elle a été renouvelée et, dit-on, démontrée par la science. Helvétius disait déjà — après Platon — : « La meilleure éducation est celle où l'enfant, plus éloigné de ses parents, mêle le moins d'idées incohérentes à celles qui devront l'occuper dans le cours de ses études (1). » En 1762 Combalusier s'exprimait plus nettement encore : « Les enfants appartiennent à l'État... ; tous les individus et toutes les familles doivent être formés sur le plan général de la grande famille qui les embrasse toutes... L'enseignement total et exclusif des lettres, sciences et arts doit être dévolu à l'Université sans exception, pour établir une heureuse uniformité dans une matière si intéressante (2). » Rousseau lui-même définit une édu-

(1) *Traité de l'homme*, section X, ch. II.
(2) *Mémoire de l'Université sur les moyens de pourvoir à l'institution de la jeunesse et de la perfectionner.*

cation toute nationaliste pour un État dont tous les citoyens seraient des Émiles (1). C'est une des thèses de la pédagagie révolutionnaire. Danton hésite, mais non Babeuf : « La patrie, dit-il, s'empare de l'individu à la naissance, et ne le quitte qu'à la mort... Plus d'éducation domestique, plus d'éducation paternelle (2). » On sait le *plan d'éducation nationale* de Lepelletier-Saint-Fargeau qui réclame « la totalité de l'existence de l'enfant ». Au XIXe, la doctrine, reprise par Owen (*Mémoire aux puissances*), est traduite par Considérant en des effusions comme celles-ci, où il définit l'État : « Une mère tendre et prévoyante qui, à toute la sollicitude de la maternité, joindrait la puissance et la vaste intelligence dont Dieu n'a pas fait l'apanage de l'individu mais de l'espèce ; une mère qui aurait pour tous ses enfants le lait de ses mamelles..., qui donnerait à tous avec amour aide et protection,... qui tous les élèverait, les exercerait, les développerait dans le sens de leurs désirs et de leurs facultés, qui les doterait tous, les placerait tous, les bénirait tous (3). »

(1) Article *Économie politique* dans l'Encyclopédie, et *Considérations sur le gouvernement de Pologne.*

(2) *Système politique et social des égaux*, p. 46-49.

(3) *De l'éducation naturelle et attrayante*, p. 4. On pourrait multiplier les citations empruntées aux œuvres socialistes. V. Benoît Malon, *Exposé des écoles socialistes françaises.*

Nous sommes aujourd'hui moins lyriques et moins mystiques; et ce sont d'autres raisons qu'on met en avant, raisons scientifiques, tout au moins d'une philosophie plus positive. A la lumière de la sociologie on reprend, après A. Comte, l'analyse des rapports de l'individu et de la Société. De ce point de vue il est profondément juste de dire qu'il ne s'appartient pas, et ne doit pas être élevé pour lui-même. Il appartient à ce qui le domine et le dépasse, c'est-à-dire à la Société. Par origine et par destination il est un être social. Dès sa naissance il est absorbé par des solidarités multiples; ou plutôt il en est un produit, une résultante. Il n'est rien en dehors de l'organisme social, et la conscience individuelle n'est qu'un épiphénomène, ou un moyen de défense locale pour cet organisme même. L'enfant n'est constitué que par un système d'hérédités où nous voyons parfois avec Rousseau une nature originelle, mais qui ne sont que des traditions sociales. Son être physique même s'est déterminé en des organismes façonnés par de longs siècles de vie sociale qui les ont affinés, sinon affaiblis. Ses dispositions d'esprit et de caractère résument les conquêtes de la civilisation, c'est-à-dire l'œuvre collective de l'humanité. La force de sa pensée est un capital hérité, et qui ne vaudra que dans et par la société. Si son cœur est disposé à s'ouvrir à des émotions plus larges et plus hautes, c'est grâce aux souffrances et aux joies communes de ses ancêtres. La volonté qui s'affirmera progressivement en lui n'est que l'imitation intérieure, lentement fixée en habitude héréditaire, de la contrainte ou de l'autorité sociale. C'est le moi social qui est le vrai, et qui, manifestement du reste, prend de plus en plus d'importance, jusqu'à absorber les tendances individuelles, antisociales des temps grossiers, de l'animalité humaine. L'enfant d'aujourd'hui a été, au prix d'un long effort, enfanté par la Société; c'est d'elle qu'il tient, comme d'une mère, tout ce qu'il est, et c'est à elle qu'il doit, plus qu'à une mère, tout ce qu'il peut être. C'est en elle qu'il vit et se meut, qu'il est; c'est à elle qu'il appartient. Ou, pour mieux dire, c'est elle qui vit en lui, et qui continuera en lui, bon gré mal gré, son effort. Qu'il le veuille ou non, en lui se prépare et s'annonce la Société de demain. Ce qu'il porte en son élan de vie, ce sont ces tendances à l'idéal dont le fait social est, pour ainsi dire, tout gonflé. Ainsi que le dit M. Durkheim, amendant sa première philosophie pour l'installer d'emblée dans l'idéal, « si l'homme conçoit des idéaux, c'est parce qu'il est un être social. C'est la société qui le pousse ou l'oblige à se hausser ainsi au-dessus de lui-même, et c'est elle aussi qui lui en fournit les moyens. Par cela seul qu'elle prend conscience de soi elle enlève l'invidu à lui-même, et elle l'entraîne dans un cercle de vie supérieure. Elle ne peut pas se constituer sans créer de l'idéal. Ces idéaux sont tout simplement les idées dans lesquelles vient se peindre et se résumer la vie sociale telle qu'elle est aux points culminants de son développement (1) ».

La raison enfantine est donc fille de la Cité (2). Il faut la respecter comme telle, et ne pas la livrer aux déformations individuelles. Et cela ne se peut que si on en confie le développement à la Raison même de la Cité, à l'État, gardien de l'avenir moral de la nation et de celui de l'enfant mystérieusement ou plutôt très positivement unis. Car, si c'est l'intérêt de la Société d'avoir ainsi tout le bénéfice d'une communauté de vie morale, c'est aussi bien celui de l'enfant, qui y trouvera sa véritable liberté. Rousseau l'a fort bien expliqué : l'individu qui perd une liberté naturelle — disons mieux apparente, et dont la faiblesse de l'enfant n'aurait que faire — l'indi-

(1) Conférence au Congrès international de philosophie de Bologne. V. *Revue de Métaphysique*, septembre 1911, p. 49.

(2) V., sur cette théorie sociologique de la Raison : Durkheim, *Les formes élémentaires de la vie religieuse*.

vidu retrouve dans l'Être social, seul réel, une liberté multipliée par la force sociale, la seule liberté dont soient capables des êtres humains. Ainsi, ce n'est pas l'idéologie ou le mysticisme des premiers apôtres de la doctrine, c'est la science sociale elle-même qui conduit à ces conclusions. A quoi bon nous attarder aux formes du passé, qui ont eu leur temps, mais qui ont fait leur temps ? Il faut être aujourd'hui du parti de la science. Elle mène, en éducation comme ailleurs, les sociétés au socialisme, à la nationalisation de tous les services d'intérêt général; aucun n'est plus important et plus général que l'éducation. Elle consistera à transformer l'enfant, qui apparaît d'abord comme égoïste et asocial, en un être social et vraiment nouveau, à le *dénaturer*, si l'on veut, pour le *socialiser* par un art rationnel et scientifique. De la pouponnière à l'Université il sera entretenu, instruit, éduqué, dans une vie scolaire où chacun apprendra à développer jusqu'au maximum ses aptitudes pour le service de la Société. Ni travail, ni jeux individuels; chaque enfant sera pris dans une équipe, dans un groupe dont il sera solidaire, si bien qu'il ne pourra plus penser, sentir, agir, vivre en un mot, que socialement. Il n'a pas d'autre droit.

Thèse connue, encore une fois, au moins

depuis Platon, et qui emprunte aujourd'hui à la science une certaine nouveauté d'arguments et d'expression, sans y trouver, quoi qu'on dise, une démonstration. Solution simple de la question des droits réciproques de l'enfant et de l'État, puisqu'elle supprime l'un des termes; solution franche du moins et dont la rigueur systématique écarte toute équivoque. Le système se tient, et il faut s'y résoudre si l'on veut attribuer à l'État cette souveraine tutelle, ce monopole de la soi-disant défense de l'enfant. Le monopole ne va pas, logiquement, sans une théologie, qui est ici celle du Dieu-État; il faut avoir le courage de le reconnaître.

C'est à quoi se refuse toute une école qui prétend concilier une pédagogie étatiste avec les principes de la liberté individuelle et la philosophie de la Déclaration des Droits de l'homme. Sans doute elle garde une place à la famille, à qui l'enfant est rendu chaque soir; elle lui laisse surtout les charges et responsabilités matérielles. Mais c'est l'État qui est institué seul juge et arbitre de son propre droit, de celui de l'enfant, de celui qui reste à la famille. Non seulement il surveille et contrôle toute l'éducation, celle de l'école et celle de la maison, mais il a ses écoles; et s'il en tolère d'autres, c'est avec le regret, bien naturel, que les siennes ne suffisent

pas ou ne soient pas seules fréquentées, avec la
tentation, naturelle aussi, de déprécier et de
combattre de tout son pouvoir cette concurrence,
le désir de les voir sinon de les faire disparaître
pour défendre les siennes. Certes l'école publique, avec ou sans concurrence, est aujourd'hui
un fait nécessaire et salutaire. Il faut reconnaître à l'État le devoir de l'organiser de mieux en
mieux. Mais quelle sera la limite de son pouvoir,
et jusqu'où s'étendra sa prise sur l'âme de l'enfant dans son école, son contrôle dans l'autre,
son droit vis-à-vis de la famille à laquelle il
semble disputer l'enfant? Voilà l'essentiel. L'État
moderne n'étant pas confessionnel, son école
sera neutre ; n'étant pas aux mains des clercs,
son école sera laïque. Rien n'est plus logique,
plus simple, plus évident. Rien n'est plus équivoque aussi que ces mots, surtout le mot :
laïque, synonyme de neutre, disent les uns, tout
opposé suivant les autres. Et voici l'interprétation des partisans du sens fort, de la laïcité pure
et radicale.

Tantôt on ne consent pas à l'idée de neutralité,
pour cette raison fort spécieuse qu'un enseignement, *a fortiori* une éducation, ne saurait être
neutre, et qu'un maître ne peut pas ne pas prendre
parti, ne fût-ce que pour répondre aux questions
des élèves, mieux encore pour être un maître et

un homme. Être neutre, c'est être amorphe, nul, méprisable. L'État aura donc sa doctrine, la doctrine laïque, et qu'il affirmera à côté des autres, en face des autres. Elle a droit à être enseignée aussi bien que les autres; et elle ne le sera pas si l'État ne s'en charge pas, car ses partisans n'ont pas les ressources qui permettent à leurs adversaires d'entretenir des écoles privées. Tantôt on maintient l'idée officielle de neutralité, mais de neutralité confessionnelle, non philosophique ni politique (1). L'idée de neutralité ne définit qu'une abstention, une attitude négative. C'est celle de laïcité qui donnera les définitions positives. Non seulement le personnel sera laïque et ne comprendra aucun clerc, les clercs ou religieux étant disqualifiés, mais le programme sera laïque et l'esprit. Qu'est-ce à dire ?

(1) J. Ferry, Discours au Sénat 21 mars 1882. — Cf. les articles *Laïcité*, *Neutralité* dans le *Dictionnaire de pédagogie* (1re éd.), 1re partie, col. 1472, 1473, 2020. — M. Buisson, tout en prétendant qu'un athée ne pouvait se refuser à cette neutralité, défendait l'École contre le reproche d'irréligion et y affirmait les devoirs envers Dieu, d'accord avec le ministre J. Ferry, que sans doute il inspirait. S'il reste défenseur d'une neutralité, dont la formule est un peu flottante, il a depuis accepté plus volontiers l'idée d'école sans Dieu (*Manuel général*, 29 janvier 1918) : l'école publique enseigne la relativité et les variations des philosophies et des religions. C'est l'attitude d'un grand nombre de scientistes.

Un laïque peut avoir une doctrine très cléricale, un esprit très religieux, tout au moins. Il faut donc préciser (1). Or, comment, avec ou sans l'étiquette de neutralité, définir l'esprit laïque, sinon par différence, en le distinguant de l'esprit clérical ? Et pour l'en distinguer plus sûrement il est inévitable qu'on l'y oppose, et que, pour être bien sûr de l'y opposer, on nie tout ce que le clérical affirme, non seulement sa politique, mais sa religion. L'esprit clérical soumet la politique à la religion ; on ne sera assuré contre lui qu'en excluant — mais cela même n'est pas assez net —, en combattant toute religion (2). Être laïque c'est n'être pas religieux, et ceux-là seuls offriront toute garantie qui seront le plus détachés de toute croyance ou plutôt le plus

---

(1) Que ce soit le point délicat, la *vexata quaestio* de toute la politique pédagogique contemporaine, c'est ce dont témoigne la multiplicité des écrits, discours, discussions, polémiques où se sont prodigués tous les talents, toutes les compétences, sans parler des autres. C'est toute une littérature, et dont la bibliographie est décourageante. Nous n'avons ici qu'à dégager l'essentiel de ce qui intéresse les droits de l'enfant, en écartant les polémiques, en tâchant de définir avec précision les doctrines et les grandes lignes du mouvement des idées.

(2) « Ne parlons plus, dit M. Aulard, de neutralité scolaire... Ne disons plus : nous ne voulons pas détruire la religion. Disons, au contraire : nous voulons détruire la religion. »

intrépides et le plus dogmatiques contre tous les dogmes. A ceux-là seuls on pourra en toute sécurité, dans la lutte passionnée qu'elle a à soutenir, confier l'école publique. Ils défendront plus résolument la liberté de la conscience et de l'esprit de l'enfant contre la tyrannie des dogmes. Sans doute ils devront, à la lettre, ne rien dire contre aucune confession (1); sans doute la famille gardera légalement sa liberté pour l'éducation confessionnelle de l'enfant. Mais, outre qu'on lui en refuserait volontiers le loisir (puisque c'est le loisir de mal faire), on organisera à l'école un enseignement, une éducation *complète* qui permettra à l'enfant de s'en passer, et le préparera, s'il y a lieu, à s'en détacher un jour. La doctrine d'État est présentée comme plus haute, plus large, plus synthétique, dominant la variété et la relativité des philosophies et des religions, dont chacune est, par cela seul, dénoncée comme étroite, inférieure, accessoire, provisoire surtout, valable tout au plus pour des enfants, si on peut accorder une valeur à ce dont il faudra se délivrer.

Il faut insister sur ce point; il est au cœur de la question. Si l'école publique donne une édu-

______

(1) Encore ne pourrait-on pas être trop sévère contre des écarts de parole qui, après tout, donnent en exemple la liberté de pensée du maître.

cation complète, si l'enseignement laïque donne réponse à tout, il n'y aura plus de neutralité possible, puisqu'il n'y aura plus de place pour rien d'autre. Et il faudra le dire. Or, c'est précisément, sans toujours le dire peut-être, le rôle que les « laïcisants » lui assignent, hésitant entre deux moyens, dont la fin est la même. Les uns proposent nettement cette doctrine complète. Sans s'entendre sur le contenu de cette philosophie officielle, admettant peut-être que plus d'une y puisse prétendre (1), ils s'entendent sur ce point qu'elle doit fournir à l'enfant un système de principes et de notions suffisant à toute la vie, capable de remplacer tout autre système, qu'elle est coupable si elle y manque (2). C'est

(1) Chacun offre la sienne, qui est, par libéralisme ou par crainte, facilement admise chez nous en particulier. Et la « morale commune » qui doit être enseignée à tous les enfants est fort variable, ou même contradictoire. Sur les mêmes listes d'ouvrages autorisés on admet également ceux qui continuent de s'inspirer d'un spiritualisme assez religieux, d'un kantisme assez chrétien, et ceux qui déclarent immoral soit le christianisme, soit toute religion. (A. Bayet, *Leçons de morale*, p. 135.)

(2) V. entre autres les ouvrages de M. Payot et ceux de M. Delvolvé, *Rationalisme et tradition*; Mlle Dugard, *L'évolution contre l'éducation*; Dufrenne, *Nouvelle pédagogie;* D. Vincent, *L'éducation par l'action* ; Marceron, *La morale par l'État*; etc..., qui dénoncent l'insuccès de l'enseignement moral public et l'attribuent à l'insuffisance de la doctrine. V. surtout sur l'enseignement moral les assertions répétées

ainsi qu'en France l'école publique a enseigné la religion naturelle à la place de l'autre, le protestantisme libéral, le rationalisme spiritualiste ou kantien ; puis un positivisme solidariste ou un naturalisme plus ou moins scientiste (1). Aujourd'hui, en France, ses défenseurs, tantôt, et de plus en plus volontiers, acceptent ou revendiquent le titre d'école sans Dieu, tantôt s'en indignent et pensent démontrer que c'est l'école où Dieu est le plus présent (2). En tous cas, métaphysique ou non, et si incertaine qu'elle soit encore, la doctrine laïque, doctrine d'État, peut et doit remplacer les autres : « L'instituteur français est le seul qui soit nettement investi d'un mandat autonome et complet d'éducateur moral et social (3). » « Les républicains... ont voulu que l'école donnât aux enfants du peuple toute une éducation (4). » Et si on écarte le monopole

de Pécaut, Buisson, Lavisse, Steeg, etc. La société laïque s'enseigne elle-même et se suffit.

(1) « Oui, notre France est la nation qui a eu foi dans l'homme et dans l'humanité. Elle a cru pouvoir obtenir de la nature les mêmes miracles que d'autres demandaient au surnaturel. Elle a choisi l'Instituteur laïque pour lui gagner sa cause devant le monde. » M. Buisson, *Manuel général*, 17 septembre 1910.

(2) Id., *Ibid.* 15 juin 1912. Cf. *Revue de métaphysique*, *1918*.

(3) Id., *Ibid.*, 17 septembre 1910.

(4) Id., *La lutte scolaire au XIXe siècle*, Alcan, 1912

(je ne parle pas de ceux qui ne l'écartent que provisoirement et par politique), c'est sans doute par respect de la liberté, mais c'est aussi pour assurer au maître de l'école publique la liberté de penser tout haut en classe, de livrer toute sa pensée laïque sans être astreint, devant des élèves autrement éduqués, à une circonspection gênante. C'est qu'en enseignant la doctrine laïque la Société moderne ne fait que s'enseigner elle-même, suivant la formule de Quinet, dont la thèse soutient toute cette politique (1). En y manquant elle se renierait ; elle se manquerait à elle-même.

Les autres, plus critiques ou moins impatients, écartent la doctrine d'État, mais demandent le même service à une méthode d'État. C'est en formant, dans n'importe quelle discipline, des esprits laïques que la Société laïque s'enseignera. Il n'y a plus aujourd'hui d'autre autorité que celle de l'évidence : c'est la seule loi de l'esprit.

p. 255. — Cf. *Discours au Congrès de la Haye*, 1912 : « Ce n'est pas une éducation au rabais, mais un enseignement complet, intégral, et conforme aux besoins de la nature humaine. Elle n'est en rien inférieure à l'éducation morale religieuse. »

Cf. Moulet, *L'École primaire et l'éducation morale démocratique*, 1915.

(1) V. l'*Enseignement du peuple*, qui est comme l'Évangile de ce laïcisme.

Pour tout ce qu'elle n'atteint pas, l'autonomie·
reste entière ; l'esprit est libre, et chaque esprit·
peut et doit « se faire son idéal », suivant l'expression à la mode. Il se le fera toujours par la
même méthode, en retenant la croyance qui
aura résisté aux assauts de la critique. Telle est
la foi de la Société moderne ; c'est celle qu'elle
enseignera, pour son bien et pour celui de l'enfant. Et, que l'enfant soit ou non, pour le
moment, dans les liens d'une croyance, peu
importe. Un jour viendra où il s'en détachera.
Soyons patients : les croyants sont des retardatai-
res (1) qui, une fois en mouvement, rejoindront
la colonne laïque. Le règne de la raison est
incompatible avec le maintien des Églises. L'enfant dont l'esprit aura été formé par l'école d'État
se libérera naturellement de sa croyance, soit
qu'il cède au courant de l'opinion toute gagnée·
aux idées laïques, soit qu'il entreprenne loyalement sur des dogmes un travail critique. Sans
doute on reconnaît possible la solution qui l'y
attacherait plus fermement, ou qui l'y ramène-
rait et donnerait ainsi à cette croyance même
toute sa valeur. Mais c'est en général avec l'espoir, disons mieux, avec la certitude qu'il ne·

(1) A. Croiset, *Neutralité et Monopole de l'Enseignement,*
Alcan, 1912, p. 21.

pourra ni ne voudra se livrer à cette entreprise héroïque, ou qu'il aboutira à la solution purement laïque. Et on aura plus de sympathie en tous cas pour celui qui se sera détaché, même sans examen, de sa croyance. On n'aura pas plus d'estime pour le « héros » qui, après cet effort, sera resté ou redevenu croyant. Qu'elle enseigne ou non une doctrine officielle, c'est un fait, hautement avoué, que l'école laïque prétend bien y conduire : et à côté de l'école sinon dans l'école même, en dehors des heures de classe bon nombre de ses maîtres donnent à la propagande anti-confessionnelle toute leur sympathie et tout leur zèle (1).

C'est un fait qu'il faut prendre comme tel, et

(1) Les preuves en sont nombreuses dans les actes ou publications des nombreuses Ligues, Sociétés, Amicales ou Syndicats pédagogiques et même dans certains manuels scolaires, manifestement anti-confessionnels. Avant la guerre beaucoup de discours, officiels ou officieux, s'inspiraient de la même pensée. La partie grave de beaucoup de fêtes scolaires n'avait souvent pas d'autre sens. L'État a sa métaphysique, variable sans doute en sa partie positive, mais qui s'oppose aux autres comme une orthodoxie, et qu'il fait enseigner surtout dans les Écoles normales. Et c'est une formule courante de littérature pédagogique, c'est le principe de la direction morale des futurs instituteurs et institutrices, que l'École publique doit fournir aux consciences le succédané des croyances qui meurent. Libre à vous de croire et de pratiquer; mais c'est le fait d'une pensée qui retarde.

qui s'explique par toute l'histoire moderne. Les Églises ayant été longtemps maîtresses de l'État, il était inévitable que l'État moderne, défini d'abord contre elles ou malgré elles, se fît église à son tour; et nos institutions semblent tendre à être une transposition de celles de l'ancien régime. Il était inévitable que, maître à son tour de l'école, il en voulût faire aussi un instrument d'unité. En fait donc, il ne serait pas loyal de le nier, entre les partis l'enfant est l'enjeu de la lutte politique (1). « L'instruction publique se préoccupe beaucoup plus de l'intérêt de l'État que de l'intérêt de l'individu; elle peut paraître s'inspirer de mobiles philosophiques; pratiquement son but essentiel est d'adapter les individus à un ordre de choses déterminé (2). » Est-il vraiment de l'intérêt de l'État et de son droit de prendre parti, de se faire arbitre entre les croyances, ou plutôt d'imposer une orthodoxie philosophique? On en peut discuter. En tout cas c'est

(1) Il faut aussi, loyalement, le reconnaître. De tout temps il y a eu — et nombreux — des maîtres « laïques » qui se refusaient à comprendre ainsi leur rôle. Et surtout, depuis la guerre, la lutte contre les croyances s'est apaisée. Mais le problème reste de savoir quelle doit être sur ce point la doctrine de l'État et sa conception du droit de l'enfant.

(2) Letaçonnoux. Introduction à la série de conférences faites à l'École des hautes études sociales et publiées sous ce titre : *La lutte scolaire au XIXe siècle*, p. iv.

un devoir pour tous, et surtout pour ceux qui dirigent l'action publique de dissiper toute équivoque : c'est un devoir de reconnaître nettement le sens de ce qu'on dit et de ce qu'on fait. Ce n'est pas la liberté qu'on défend, ni l'esprit critique : c'est le dogme d'État et la nationalisation morale de l'enfant.

Il faut choisir. Si l'école d'État enseigne une doctrine totale, elle n'est pas, elle ne peut pas être neutre. Pour ceux qui sont sincères, c'est une illusion de penser qu'elle peut donner une éducation complète « sans se départir de la neutralité, cette probité de l'école et du maître (1) ». Il n'y a pas de neutralité sans abstention entre les belligérants; il n'y a pas d'éducation *complète* qui ne prenne parti sur les grands problèmes pour une croyance, une confession, une philosophie contre les autres. On n'est pas neutre quand on dit que la morale n'a rien de commun avec la religion, où les croyants voient tout l'essentiel ou le principe de la morale. L'entente est impossible si la question est ainsi posée. Et c'est là-dessus qu'ont échoué les Congrès d'Éducation morale de Londres et de La Haye. Il ne sert de rien de dire qu'on s'en tient à former l'homme et

---

(1) M. Buisson, *Manuel général*, 17 septembre 1910.

à tout demander à la nature humaine. Épictète l'a dit comme Épicure, Bossuet aussi bien que Rousseau. Et il s'agit justement de définir l'homme et sa vraie nature. Mais quand on en vient aux précisions qu'exige la « probité », avoir foi en l'homme, en l'humanité, c'est ici affirmer un « orgueil humain », soit contre toute révélation ou autorité divines, soit contre la « nature » telle l'entend, par exemple, M. Zyromski (1). C'est en tous cas commettre ce que d'autres appellent le « péché » métaphysique. — Non pas, dira-t-on ; c'est seulement proclamer l'indépendance de la morale. — Mais il y a longtemps qu'on a démontré que la morale indépendante a dû son crédit à une équivoque, et ne peut sortir de l'équivoque sans sortir des faits, sans se rallier à une métaphysique (2). Et cette métaphysique peut être fort plausible ; quoi qu'il en soit, celui qui la choisit n'est plus neutre. Et cela est fort heureux pour lui : un esprit, surtout une conscience, ne peut pas être neutre ; il n'y a pas de conscience qui ne veuille donner à ses actions le principe le

____

(1) *L'Orgueil humain.*

(2) V. la critique décisive de Pillon : *Année philosophique,* 1868. Et M. Boutroux a fort bien dit au Congrès de La Haye (1912) : « Croyants de la morale comme les Croyants de la religion prennent parti contre le scientisme et le matérialisme. »

plus élevé qu'elle puisse concevoir. Mais si on en fait l'objet d'un enseignement d'État, on n'a plus le droit de dire que cet enseignement est neutre. En vérité, cela est clair comme le jour : il faut seulement, pour le voir, se mettre franchement, loyalement en face de la question et des faits. Un enseignement intégral de la morale, une éducation complète ne peut pas être neutre. Si l'État moderne prétend la donner, c'est qu'il a sa métaphysique, son dogme; c'est qu'il se fait Église. Il faut qu'il le dise. En a-t-il le droit? et respecte-t-il ainsi le droit de l'enfant? Non, s'il n'est pas démontré que la Société positive est la seule cause, la seule fin de l'individu.

Or, à la thèse étatiste s'oppose, toujours aussi vivace, l'autre thèse qui nie la souveraineté, et même la « réalité » de l'État. Il semble que, de plus en plus, l'État absorbe la vie de l'individu dans une organisation ou une mécanisation officielle de toutes les solidarités. Chaque jour, s'étend et se tisse plus serré le réseau des institutions « bienfaisantes » ou « tutélaires », qui substituent l'obligation à la volonté personnelle, emprisonnent dans des formules administratives jusqu'aux plus libres efforts de l'épargne et de la prévoyance. Mais aussi, et à mesure, contre les outrances de l'Étatisme s'affirment, d'une part, la révolte de l'instinct individuel, la prétention, brutale jusqu'au crime, de vivre sa vie, fût-ce en brisant le lien social et les plus impérieuses solidarités ; de l'autre, l'élan supérieur de la pensée et de la conscience qui réclament, au-dessus de cette petite vie de contribuable, d'assuré obligatoire, d'assujetti et de pupille de l'État, leur droit à une vie plus fière et plus haute, à la vie des esprits et des âmes. Faut-il rappeler les arguments de cette antithèse qui ne voit d'être réel, positif, tangible que dans l'individu, d'autre principe du droit que dans la personne? Produit, non pas de l'Être social ou politique, mais de deux êtres individuels, l'homme se détache d'eux pour vivre une existence propre. Il ne grandit que pour s'affirmer en s'opposant, pour se suffire ou pour s'associer librement, non pour s'anéantir en une amorphe collectivité. La conscience qu'il prend de soi est autrement nette et vivante que la prétendue conscience sociale, si fuyante, si éparse, si insaisissable, si illusoire, et à laquelle seule conviendrait, s'il avait un sens, le mot absurde d'épiphénomène. C'est dans l'individu que vit un moi qui se meut, qui sent et qui se sent, qui pense et qui veut, un moi si personnel qu'il est impénétrable, incommunicable, et ne se perd que dans le sommeil et dans les accidents de l'ivresse ou de l'extase. Que des animaux, que des fourmis ou des abeilles n'aient

qu'une intelligence collective : soit. Cela veut
dire qu'il n'y a en chacune d'elles aucune intelligence ; la perfection que nous admirons dans
la ruche est, si l'on peut dire, une perfection
morte, dont elles ne savent ni ne sentent rien.
L'homme a une intelligence féconde, vivante, originale, qui s'affirme dans ses fautes mêmes et
dans ses erreurs, dans le mensonge et dans le
jeu, dans l'art aussi, et dans la moralité, dans
la religion, dans la science, car la science réduit
tout en objets, sauf le sujet même, ouvrier de la
science. Loin d'être un simple produit social, ce
sujet de pensée et d'action prend d'abord conscience de soi et ne prend qu'à travers soi ou
même en soi connaissance des autres et du
monde. C'est l'esprit individuel qui conçoit
l'hypothèse, découvre la vérité, construit le projet et crée le chef-d'œuvre ; c'est la volonté individuelle qui imagine l'acte et se décide, s'efforce,
s'obstine, triomphe des obstacles (1). L'héroïsme
et le génie, comme le crime, sont individuels.
L'instinct grégaire, le besoin d'imitation ou de
fonction machinale n'est que faiblesse, marque
d'infériorité. Et la raison, qu'on dit fille de la
Cité, se retourne contre elle pour la juger, la

(1) V. le développement de cette idée et la défense de
l'originalité individuelle dans le livre de S. Mill : *La
Liberté.*

réformer, la détruire peut-être, ou la déclarer malfaisante. La société n'est qu'un mal nécessaire; mieux encore, « une perpétuelle génératrice de contraintes, d'humiliations et de misères, une sorte de création continuée de la douleur humaine... C'est une association artificielle qui affaiblit l'individu, tandis que l'amitié spontanée, anti-sociale, le fortifie et l'exalte (1) ». Et quand la raison même est docile à l'autorité, ce n'est pas en la subissant comme une tyrannie ou une nécessité; c'est encore en affirmant son droit de la juger, et en s'élevant par là même au-dessus d'elle. C'est donc le droit de l'individu qui est supérieur à la convention sociale, puisque celle-ci est justement l'œuvre de volontés individuelles, expressément ou tacitement consentantes, toujours capables de se refuser ou de se révolter. La vraie fin morale est l'autonomie de l'individu : le vrai but de l'éducation sera de mettre l'enfant en possession de soi.

Mais n'est-ce pas l'anarchie et, par suite, la négation même du droit ? Oui sans doute, nous l'avons dit, si l'on s'en tient à l'autonomie de l'individu. L'outrance anarchiste, qui ne vaut pas mieux que l'autre, nous aura seulement

____

(1) Palante, *La Sensibilité individualiste*. Cf. *Les antinomies entre l'individu et la Société*. **Alcan, 1912.**

avertis de l'erreur de l'étatisme, auquel se refuse la nature même. Mais c'est la protestation de la personne raisonnable qui vaut seule ici. Et on l'entend mal si l'on attribue à chaque raison personnelle une souveraineté, une suffisance, une αὐτάρκεια qui lui permettrait de s'enfermer en elle-même. Tout au contraire, elle est sociale par destination, plus sûrement encore que par origine. Mais c'est à une société de raisons et d'âmes qu'elle tend, bien au-delà de la société positive et donnée. Et quand celle-ci cède à l'illusion de se croire le souverain bien, le lien des esprits, à la prétention de réclamer tous les hommages et toutes les dévotions, les âmes s'inquiètent et se réfugient dans l'espoir d'une cité vraiment parfaite, idéale ou divine. L'erreur, a-t-on dit, consiste à se croire Dieu ; cela est vrai de l'État aussi bien que de l'individu.

Ainsi c'est la raison même qui dénie à l'État la souveraineté morale et refuse de lui confier le ministère de l'idéal. Car c'est dans les consciences personnelles que l'idéal s'offre d'abord à la pensée, à l'amour, à la volonté des hommes. Et les pouvoirs de l'État, dont l'intervention peut être fort plausible dans le domaine économique, retardent toujours sur l'élite des pensées et des sentiments individuels. Il n'en saurait être autrement, et il serait injuste de le leur reprocher ;

car ils n'ont sous leur prise que ce qui est déjà acquis, classé, consenti par tous ou par la moyenne des esprits. L'État n'est pas, ne peut pas être le gardien, disons, si l'on veut, le seul gardien de l'idéal ; il a seulement la garde des intérêts communs déjà définis et d'un capital de valeurs constituées. Si les fidèles d'une Église s'en remettent à son autorité pour la garde des biens spirituels eux-mêmes et pour le progrès de la vie des âmes, c'est qu'ils attribuent à cette autorité, qu'ils aient tort ou raison, une origine plus haute que celle que se reconnaît l'État moderne.

N'est-il pas, en effet, né du besoin d'affranchir l'individu, de soustraire les consciences au pouvoir temporel, de limiter ce pouvoir à la défense des intérêts communs et des droits réciproques ? Et qui a-t-on fait juge de l'étendue de ce domaine commun ? Les individus eux-mêmes, devenus citoyens, et appelés, dans la diversité de leurs croyances métaphysiques désormais toutes légitimes, à s'entendre sur leurs besoins terrestres et temporels. Non, un État ainsi constitué ne peut s'arroger le droit d'enseigner une théologie, une métaphysique, de donner une éducation qui suffise à tout. Il n'a ni l'autorité, ni l'amour qu'il faut. La Science ne lui fournit la certitude ni sur le but, ni même actuellement sur l'objet et les moyens de l'éducation. Et l'État, quoi qu'en dise Considérant avec une touchante et ridicule candeur, n'est ni un père ni une mère. Il n'est pas cette Amitié intégrale qui, se donnant tout entière à l'enfant, aurait le droit de le prendre tout entier sous sa tutelle, de faire tout son salut.

Et pourtant, la moralité ni l'amitié n'en peuvent pas être absentes. L'État ne peut pas ne pas avoir d'idéal ; il ne peut pas ne pas être une patrie. En effet, chacune de ces libertés ne peut s'en tenir à se défendre contre les autres. En s'affirmant elle sent ses limites, et aussi le besoin de s'unir à d'autres, non seulement par intérêt mais par raison, non seulement par calcul mais par amour. Il lui est au moins aussi naturel d'aimer que de se défendre, de s'associer que de s'opposer. Et même dans le conflit des égoïsmes apaisé par le droit, elle tend à autre chose que cette paix armée, tout extérieure, entre voisins qui se surveillent. Elle n'est forte qu'avec les autres ; son labeur n'est puissant que dans la collaboration. Elle ne s'épanouirait que dans la Cité idéale, mais elle s'y efforce déjà dans la cité positive qui ne peut pas ne pas imiter l'autre. Ainsi dans une certaine mesure se réalise une union des cœurs qui surpasse l'équilibre ou même la solidarité, le *consensus* des intérêts.

C'est l'esprit du corps social, l'âme nationale ou la foi commune, la patrie enfin. Sentiment si naturel et si nécessaire qu'il est inséparable de l'idée même de l'État, de la pratique des plus simples, des plus strictes obligations envers l'État. On ne fait pas tout son devoir si on paie ses impôts en maugréant, si on ne respecte pas la loi de bon cœur. On n'est pas loyaliste si on ne sent pas la Patrie dans l'État. Il ne faut jamais l'oublier.

Mais si cette foi peut réclamer, comme chaque devoir, le sacrifice de la vie même, elle n'absorbe pas nécessairement toute la force de pensée et d'amour d'une conscience humaine. Si quelques-uns s'y tiennent, il faut comprendre que d'autres, sans y manquer le moins du monde, sans être, tant s'en faut (la guerre en a donné la preuve éclatante), moins loyalistes ou moins dévoués, veuillent tendre plus loin et rattacher cette foi même à quelque principe plus haut encore. Elle a pour objet ce qui est commun, mais cela seulement. L'essentiel pour l'État est que cela soit intangible ; le reste est hors de ses prises. Il faut donc bien s'entendre, et parler net. Si l'on veut instituer, comme Fichte, par exemple, une éducation nationale qui s'empare de l'individu tout entier, il faut, comme lui, renier la doctrine de la liberté politique. Et il faut dire sans ambages qu'elle a fait faillite, qu'elle est impuissante à assurer dans la diversité des croyances la conservation sociale. La majorité du moment, le parti au pouvoir, sera maître de toute la vie nationale, refusera en principe tout droit à l'enfant comme à l'adulte. C'est la manière forte, qui rejette la tolérance comme funeste, la neutralité comme illusoire, ou énervante et coupable. Si on la croit nécessaire, on le dira. Après tout, la thèse autoritaire est défendable. Elle est connue, elle a fait ses preuves ; elle a été, au moins, par certains politiques, très sincèrement, très honnêtement défendue et pratiquée. Mais il faut avoir le courage de s'y rallier. Tout vaut mieux, même pour le succès, si on le veut durable, que l'équivoque immorale, qui consiste à proclamer un principe et pratiquer l'autre. Ce qui n'est pas défendable, c'est de tergiverser, de déclarer les doctrines métaphysiques libres et égales devant la loi, et de mettre toute la force de l'enseignement public au service d'une doctrine. L'État a-t-il seul des droits, ou bien l'enfant en a-t-il dont le père aura la garde ? Il faut choisir.

Sans doute il y a un idéal laïque, une doctrine laïque complète, que l'on peut fort légitimement défendre et vouloir enseigner. Il y en a même plusieurs, plus qu'on ne voudrait sans doute ; et les « laïques » qui demandent à l'État de mettre ses écoles à leur service ne s'entendent ni sur l'affirmation d'une métaphysique, ni sur la négation de toute métaphysique, ni sur le contenu moral de la raison, ni sur le rapport de la morale à la science. Aussi plusieurs d'entre eux — et ceux-là sont fidèles au principe de la liberté politique — ne réclament que le droit d'enseigner leur doctrine sous la loi commune, à leurs frais et à leurs risques (1). Chaque religion laïque payera comme les autres son clergé. Et quand ils seraient unanimes, quand il y aurait un corps de dogmes laïques, l'État, laïque (mais en un autre sens), n'aurait pas le droit de les imposer par l'enseignement à tous les enfants, au nom et aux frais de tous les citoyens. C'est une question d'honnêteté, même pécuniaire.

Que lui reste-t-il donc, et faudra-t-il, pour respecter le droit de l'enfant et celui du père, ou supprimer l'école publique, ou supprimer tout enseignement moral pour s'en tenir à ce qui est de science pure? Oui, s'il n'y avait entre les membres d'un corps social d'autres affirmations

(1) M. Basch, dans *La Neutralité et le monopole de l'Enseignement*, série de conférences faites à l'École des Hautes Études Sociales. Alcan, 1912.

communes que celles de la Science. Mais c'est
qu'il n'y aurait point d'État, point de nation,
point de société d'hommes. Un État n'est pas
une Académie, et s'il y·a une nation, même
dans le conflit des dogmes, c'est qu'il y a pour
la faire vivre une vie morale d'intérêts et de sentiments, de traditions, d'espérances, de volontés
communes enfin. C'est le lien qui tient ensemble ceux qui veulent rester de leur pays. S'il n'y
a rien de tel, il n'y a plus de droit de l'État —
ni d'État. Si cette vie existe, elle comprend au
moins :

1° l'essentiel des conditions morales de la vie
sociale, quel qu'en soit le principe ; respect de
soi et des autres, fidélité aux promesses et aux
contrats, volonté de justice et même de ce minimum d'assistance et d'entr'aide sans lequel il n'y
aurait pas de vie possible ; en un mot c'est le
pacte social que les adultes ont accepté, pour
eux et pour leurs enfants, par cela seul qu'ils
sont restés dans le lien social, même avec le
désir de le mieux définir ;

2° *le pacte civique* ou respect de l'ensemble des
traditions et ambitions nationales, la volonté de
vivre dans telle patrie, d'en observer les lois,
d'en défendre l'existence.

Tout cela est, en fait et surtout en droit, commun à tous les membres d'un État. Ceux qui

prétendent s'en délier sans quitter le groupe social ne comptent plus ; leur volonté s'affirme et se renie au même moment. Si cela manque, non seulement il n'y a pas d'enseignement moral public, mais il n'y a pas d'école publique. Et si cela existe, non seulement il y a là une riche matière d'enseignement, mais cet enseignement est nécessaire, où qu'il se donne. Car si l'État n'a pas d'écoles, il faut qu'il prenne soin de l'imposer aux écoles privées. Et s'il en a, c'est le premier et le plus essentiel article de leur programme, parce que c'est leur première, sinon leur seule, raison d'être. Il faut fermer l'école publique si elle n'enseigne pas la patrie. Ainsi déterminée et précisée, purifiée de toute équivoque, la formule de Quinet est profondément juste : la société s'enseigne elle-même. Mais ce moi social n'est plus tout l'être moral et métaphysique de l'univers et de l'homme ; c'est ce qui est et ne peut pas ne pas être commun à tous ceux qui font ensemble une Société et une patrie.

Qu'on ne craigne donc pas d'appauvrir ainsi et de mutiler l'enseignement moral public en en réduisant le programe à un objet trop mince, à quelques maximes banales séparées de la croyance intime qui en fait la vie et l'efficacité. Sans doute il faut que chacun, et l'enfant même,

se mette tout entier avec toute sa foi dans la
moindre de ses affirmations et pratiques morales;
et le maître, il en faut prendre son parti, ne
peut ni faire l'unité des principes, ni s'accom-
moder à la croyance de chacun, ni lui demander
de l'oublier. Mais n'est-il pas entendu que toutes
les croyances doivent s'accorder, là comme sur
le champ de bataille, dans la croyance en la
patrie où chacune se détermine sans se fausser
ni rétrécir? La patrie, comme la famille, est,
pour chacun de nous, le point de vue où il se
trouve naturellement placé pour comprendre le
fait social et vivre la solidarité humaine. Et
s'agit-il de réduire tout l'enseignement moral au
chapitre de manuel qui traite de la patrie et à
l'instruction civique? Non pas; on ne peut pas
ne pas y comprendre tout l'essentiel des maximes pratiques de justice et d'entr'aide charitable.
D'une part, elles ne soulèvent aucune difficulté
entre les consciences, car elles n'expriment que
la forme même de la conscience humaine. Nous
ne discuterions même pas sur la morale sans ce
minimum d'axiomes; nous ne vivrions pas en
société sans ce minimum de règles de conduite.
D'autre part, elles sont presque toutes inscrites
ou impliquées dans les lois; elles sont l'esprit
moral des lois dont l'État doit enseigner et assurer le respect. Et quand elles ne seraient pas

dans la loi écrite (1), elles ne seraient pas moins, en chaque patrie, indiscutables. Car c'est ce qui est commun à toutes les patries parce que nécessaire à chacune d'elles, et qui fait que de l'une à l'autre les hommes peuvent se comprendre. On n'enseignerait pas la patrie tout entière si on s'en tenait au formalisme du Code et des devoirs civiques.

Mais n'y aura-t-il jamais de contradiction entre ces deux parties du programme, entre le nationalisme (au sens large du mot) et le moralisme? Et l'État enseignera-t-il tantôt qu'il faut défendre et étendre à tout prix la patrie, tantôt qu'il faut tout sacrifier, et la patrie même, à la justice et à l'humanité? L'enfant apprendra-t-il à être avant tout citoyen et soldat, ou à refuser le service militaire pour obéir à sa conscience? Si le maître ne veut pas se contredire ou manquer de franchise, ne faudra-t-il pas qu'il enseigne l'antipatriotisme pour rester maître de morale, ou l'amoralisme pour rester patriote et fonction-

(1) Il peut paraître séduisant, précisément pour lever toute difficulté, de réduire tout l'enseignement moral d'État à l'enseignement ou au commentaire du Code (V. le livre de M. Marceron : *La morale par l'État*, Alcan, 1912). Idée plausible et pourtant trop étroite ; on ne manque ni au loyalisme ni à la neutralité en faisant place à ces lois humaines qui nous lient tous. Et comment donnerait-on sans elles un sens *moral* aux autres?

naire? La question se pose pour tout enseignement moral, même privé. Mais si le conflit est insoluble, c'est surtout à l'État qu'il sera impossible d'enseigner la morale, et, absolument, d'enseigner; car il lui faudrait se renier soi-même. Il pourra organiser un dressage : il n'élèvera pas, et son droit sera inconciliable avec celui de l'enfant.

Qu'on se rassure. Comment penser qu'une patrie puisse n'être pas une force morale et n'avoir en elle-même aucune substance morale; qu'il y ait une société d'hommes vivant depuis des siècles sans mériter de vivre, et qui puisse durer dans la brutalité pure; qu'il y ait une nation où le bien n'ait jamais fleuri et qui ne tende pas à quelque forme plus haute de justice ou de solidarité? A quoi bon s'attarder à cette démonstration quand les preuves éclatent dans l'histoire de chaque patrie et dans sa vie de tous les jours? Rien n'est plus faux et plus vide que cette hypothèse d'une antinomie radicale, non seulement irréelle mais impossible. Un être social ne peut se constituer ni surtout durer sans moralité. Nous venons de le voir : enseigner à l'enfant sa patrie, c'est donc nécessairement lui donner, dans une mesure déjà large, un enseignement moral, de solidarité d'abord et de sacrifice à la communauté, mais aussi de ces vertus qui font vivre, à travers les épreuves, un individu comme une société : courage, sagesse, persévérance.

Mais tout de même il y a autre chose, et d'inévitables discordances. Dans le passé de chaque patrie il y a des crimes et des hontes, d'injustifiables mépris de la conscience. Qui donc oblige à les justifier? Ne restera-t-il pas, si on les condamne, assez de gloire pure et d'honneur pour que l'enfant puisse, malgré ces tristesses, comprendre et aimer son pays, comme il peut aimer ses parents sans tout glorifier en eux?

Mais ces crimes mêmes n'ont-ils pas été des moyens de salut ou de prospérité, et ne faudra-t-il pas admettre aussi bien pour l'avenir que la violence puisse être utile, ou même nécessaire? La lutte des nations pour la vie n'est pas toujours une école de vertus. Assurément. Et il ne s'agira pas de dissimuler, surtout aux grands garçons, la difficulté. Mais c'est tout le problème de la vie morale, et qui n'embarrasse pas seulement l'enseignement de l'État dans son rapport avec le droit de l'enfant, mais toute éducation morale, même la plus antipatriotique, et toute théorie de la conduite humaine. Quelle que soit la part du droit et de l'entr'aide, la concurrence, la lutte, la guerre en un mot, sanglante ou non, n'est-elle pas fatale sur la terre, même chez les plus

pacifistes et les plus antipatriotes? Si soucieux
qu'on soit d'être juste et bon, peut-on toujours
se défendre et progresser, assurer sa vie et celle
des siens sans blesser personne, sans prendre
une place et des moyens de vivre que d'autres
convoitaient, et les faire souffrir? Il n'y a guère
de succès qui ne coûte un sacrifice et une peine
à quelqu'un, par exemple au candidat évincé
par le concours. Mais les violences de la défense
légitime, nationale ou individuelle, ne sont pas
des crimes, ni les succès des plus aptes. Qu'un
peuple plus riche en hommes, plus sobre et
plus actif, plus entreprenant et plus industrieux,
l'emporte sur ses voisins, c'est une nécessité de
la vie, et contre laquelle pacifisme ni antimilita-
risme ne peuvent rien. Nous pouvons et devons
introduire une part de plus en plus grande de
droit, et même de bonté dans l'état de guerre.
Nous ne pouvons pas faire vivre les nations qui
se laissent déchoir et dépeupler. Et une nation
n'a ni le même devoir ni le même droit qu'un
individu de sacrifier par générosité pure sa vie
à celle d'une autre, parce qu'elle la doit aux
générations à venir et à son rôle dans la civilisation.

Partout où la patrie n'aura obéi qu'à ces
nécessités vitales, et se sera défendue ou développée en méritant de vivre, il n'y aura point

pour l'enseignement moral d'antinomie à résoudre. Il n'y en aura pas non plus à propos des cas où la victoire de la violence aura été purement et simplement immorale. Rien n'empêchera donc d'apprendre à l'enfant qu'il faut à la fois préférer sa patrie aux autres, et préférer, pour sa patrie comme pour soi-même, les raisons supérieures de vivre à la vie. Il comprendra par la suite comment, à tout prendre, elles assurent plus encore la vie des nations que celle des individus, et que les décadences sont en général méritées. Il n'y aura pas de contradiction ni d'artifice dans cet enseignement national loyalement donné.

Et ainsi il n'y a pas à craindre non plus que la formule soit trop étroite. La matière est assez riche. Elle l'est plutôt trop pour le temps dont dispose l'école, primaire et même secondaire. Ce qu'il s'agit d'analyser, c'est le faisceau des idées communes à une société d'hommes, sa conscience même, surtout sa conscience morale. Qui voudra faire comprendre à des enfants puis à des adolescents tout ce qu'elle contient aura toujours trop à dire sans dire rien qui divise, ni qui dépasse leur âge. L'heure de chaque leçon sera toujours trop courte, et l'année ne suffira pas au programme. Les bons maîtres le savent bien. Y a-t-il donc un objet sur lequel l'enseignement épuise le savoir humain ou seulement le savoir du maître ? Et souffre-t-on de ne pas enseigner à propos de la numération la philosophie du discontinu et les théories de H. Poincaré ? Pas plus que la richesse des idées, ne manqueront à ces leçons l'ampleur ou la profondeur du sentiment. C'est l'âme même de la patrie qui sera là pour les soutenir et animer. Vivante comme elle doit l'être dans le cœur du maître, sans quoi il ne serait pas fait pour enseigner, surtout dans l'école publique, elle passera naturellement dans le cœur des élèves ; ou, pour mieux dire, elle y sera évoquée à la lumière de la conscience par la parole émue du maître. C'est là, et seulement là, que l'État peut faire œuvre d'éducation, c'est-à-dire d'amour. Là vraiment il se donne, en prenant dans l'âme de l'enfant la place qui lui revient. Il lui appartient sans réserve de donner cet enseignement dans ses écoles, de l'exiger dans toutes et d'en faire respecter partout, même hors de l'école, la lettre et l'esprit. Rien de plus, mais rien de moins. C'est son droit le plus strict, l'une de ses fonctions les plus impérieuses. Y manquer, c'est pour lui refuser d'être et de durer.

C'est aussi le droit de l'enfant. L'enfant a droit à la patrie. Il vient assurer la continuité de la vie nationale aussi bien que familiale. Héritier de toutes les charges, il doit hériter aussi des avantages, et bien connaître les uns et les autres. Il faut qu'au moment où il assumera, avec sa part d'activité civique, la responsabilité de l'avenir, il trouve cette vie aussi forte et riche que possible, et qu'il se trouve lui-même en état et en goût de la vivre. Non seulement il sera malheureux, mais surtout il manquera à son rôle s'il est inadapté à son pays, étranger dans sa patrie, ignorant de ses traditions et de sa structure morale, indifférent à son existence présente et à son avenir. Il faudrait redire ici ce qu'on a dit de la fonction de la famille. Seul un intellectualisme intempérant peut isoler l'enfant des groupes naturels où il a reçu l'être et appris la vie pour le poser à part, flottant dans l'abstrait et le discontinu, comme un atome qui ne tiendrait à rien ni à personne. C'est un jeu d'esprit et une illusion ; ce n'est pas une doctrine de réalité et d'action, de vie vraie et intégrale. La guerre nous l'a bien montré et a fait éclater ces vérités. A ceux qui l'auraient détaché de la patrie ou ne l'y auraient pas normalement inséré, l'enfant devenu majeur devrait donc reprocher une injustice : ils auraient manqué envers lui d'intelligence et d'amour.

Voilà ce qui est dû à l'enfant, et par le père aussi bien que par la nation. Et dès lors, si l'État

ne veut aussi pour lui-même que ce qui lui est
dû, il y a entre leurs droits non pas un insoluble conflit, mais une admirable coïncidence ou
plutôt un profond, parfait, indissoluble accord.

Ce n'est pas tout. La fonction éducatrice de
l'État s'étend encore, et sans conteste, à un
domaine où il ne l'exerce guère de nos jours.
L'enfant reçoit trois éducations : celle de la
famille, celle de l'école, celle de la vie publique.
Celle-ci, hélas ! n'a jamais été pire qu'aujour-
d'hui, et bat en brèche les deux autres. Sollici-
tations à la débauche, révélations de sensualité,
provocations aux curiosités et aux relations
licencieuses, voilà les leçons qu'il reçoit de la
vie des villes, et à quoi il ne peut pas ne pas
être sensible dès l'âge de 12 ou 13 ans. La pornographie a toute liberté de s'étaler jusqu'aux
abords de l'école, dans les lieux de spectacles
publics ; elle a sa place jusque dans les fêtes
« scolaires » ou post-scolaires. Images obscènes,
chansons obscènes, romans obscènes, théâtre
obscène, cinéma obscène, l'enfant est condamné au contact de l'obscénité ; l'adolescent
n'a pas à en chercher loin la libre pratique. De
même pour cette publicité complaisamment
donnée au crime, et qui offre les prouesses de
ceux qui volent et qui tuent, comme celles de
héros populaires, à l'admiration, à l'imitation

des adolescents. Ces appels publics à l'immoralité sont, sous prétexte de liberté, la violation flagrante et incessante de la liberté de l'enfant. Aucune n'est plus révoltante; mais aussi aucune ne laisse l'esprit public plus indifférent et plus froid, disons mieux, plus sceptique et plus amusé. C'est une honte de notre civilisation. Protéger l'âge qui ne peut se défendre contre ces attentats de tous les jours, n'est-ce pas le plus clair, le plus pressant devoir de l'État? Ne devrait-il pas prévenir, avant d'avoir à les réprimer, ces outrages, mettre la loi et la force publique, magistrature et police, au service du respect de l'enfant? Ce serait aussi bien son propre droit qu'il défendrait, et sa vie de demain. Or, non seulement il manque à sa fonction, qui est ici véritablement organique, mais il encourage l'immoralité; il ne se contente pas de l'inertie qui la laisse faire, il la consacre en la réglementant. Et ce n'est pas l'État qui est seul en cause ici : ce sont tous les pouvoirs publics, les autorités régionales ou, surtout, municipales qui ont à donner ou refuser des autorisations, et qui disposent de la police locale. Sauf de rares exceptions, elles laissent faire et ne se soucient guère des droits de l'enfant! Le gendarme, dira-t-on, et l'agent de police n'ont pas charge d'âmes. Erreur, s'il s'agit de l'âme de l'enfant, et si dans

les limites de leur service ils peuvent en écarter
la souillure. En tous cas, les maires ont charge
d'âmes. Que sert de « favoriser » l'instruction,
de bâtir des écoles, si les écoliers qui s'y rendent
ou en reviennent reçoivent de la rue ces leçons
de choses ou d'images qui démentent celles du
maître, et qui sont autrement suggestives ? Mais
pourquoi accuser les pouvoirs publics ? C'est
l'esprit public qui est coupable ; c'est nous tous,
complices, ne fût-ce que par notre inertie et
timidité, de cette immense entreprise de démo-
ralisation. C'est nous d'abord qui attentons à
l'innocence de l'enfant ou manquons à le
défendre. Les hommes en place ne sont que
dociles à l'opinion qui se complaît à ces mœurs,
ou s'y résigne par respect humain. Ils s'abstien-
nent, non sans regrets parfois, parce qu'ils ont
peur, peur de l'impopularité et du ridicule ; car on
serait ridicule à prendre en mains contre la pornographie la cause de l'enfant ! Les ennemis de
l'enfant ne sont pas seulement les professionnels
du vice public et du théâtre obscène, ce sont tous
ceux qui les font vivre ou les laissent faire fortune. Comment protesteraient les hommes pour
qui la chasteté est pure sottise, l'adultère pratique courante ou toujours convoitée, la « gau-
driole » divertissement familier et jeu de société?
Ils sont un grand nombre, peut-être le nombre :

ce sont eux qui là-dessus font l'opinion; les autres suivent ou se taisent. Comment s'indigneraient les femmes pour qui la toilette, je dis la toilette de ville, n'est jamais assez découverte et provocante, les lectures ou spectacles assez pimentés? Assurément il y en a d'autres et qui, peut-être, sont la masse : mais la masse est docile aux plus hardies, amusée plus ou moins elle-même; surtout elle a toujours peur de n'être pas assez « moderne », sinon dans la conduite, du moins dans les manières, le costume, la conversation, dans toute la vie publique. Les plus irréprochables même, femmes et jeunes filles, sont bien obligées d'obéir, en gardant plus de mesure, à l'orthodoxie de la mode, religion qui ne connaît guère d'infidèles; car il en coûte cher de la braver, d'être ou de paraître dissidente et hérétique. Il s'agit bien du respect de l'enfant!

Mais le pire ou ce qui est ici le plus significatif, ce ne sont pas des faiblesses qui sont de tous les temps, même des grands siècles (1), encore que le nôtre en fasse plus volontiers sa vie courante. C'est le fait que cette licence est revendiquée comme une liberté légitime, comme un droit. L'adulte, dans la vie publique, a le droit de vivre.

(1) Témoin la campagne menée entre 1630 et 1660 par les Compagnies du Saint-Sacrement contre les « gorges découvertes ».

sa vie, d'être de son temps, franchement et sans
hypocrisie, d'employer ses loisirs à son gré. Mieux
encore, c'est un droit plus haut qu'on invoque,
et intangible, la liberté de l'art, le droit pour
l'artiste de représenter ou de présenter la beauté
humaine sans voiles, comme faisaient les Grecs,
d'analyser et exprimer sans autre souci que de
vérité les sentiments, les passions, les vices de
l'homme, et de la femme. On connaît la thèse,
et la discussion, toujours ouverte. Du point de
vue de l'enfant il n'y a pas de discussion. Outre
que la pornographie est tout autre chose que
l'art, dont se réclament certains pornographes,
il se peut que des chefs-d'œuvre, où bon nombre d'adultes voient déjà autre chose que la
beauté pure, ne soient pas faits pour l'âge de
l'enfance et de l'adolescence. Avec les meilleures
intentions du monde la discrimination sera parfois délicate : il nous arrive d'y échouer dans
nos programmes scolaires. Tout de même l'enfant doit pouvoir passer dans la rue, devant les
kiosques et les affiches, étudier un ouvrage de
programme sans être aguiché, troublé dans sa
pudeur, attiré vers le mal. S'il faut choisir, c'est
son droit qui est le premier. Mais l'art ne per-
dra rien à ne pas proposer certaines œuvres à
ceux qui ne les comprennent pas encore ; les
chefs-d'œuvre ne gagnent rien à des admirations

qui les méconnaissent. Leur droit reste donc entier. Ce qu'on met sous la protection de l'art, c'est un besoin de lucre et de réclame malsaine. Aucun homme de bonne foi ne s'y trompe, s'il y veut regarder.

En tout cas, ce n'est pour personne un droit de vivre publiquement, et devant les enfants, de mauvaises mœurs. La rue appartient à tout le monde, et d'abord aux honnêtes gens, non à l'impudeur, quoi qu'il en semble dans les villes. La provocation à la luxure est pour l'enfant pire que l'exemple du vol. Personne ne le nie au-delà de certaines limites : mais on recule ou laisse reculer de plus en plus les limites, jusqu'à l'aberration. C'est le fait de certaines époques : on n'y saurait défendre un principe de liberté sociale. N'en doutons pas : la lutte contre l'in-discipline des mœurs, privées et publiques, est avant tout œuvre d'éducation, parce que sans l'éducation l'avenir ne vaudra pas mieux que le présent, ou plutôt vaudra moins. La police des rues n'est pas tout, ni même l'essentiel. Pourtant elle est quelque chose qui importe, même pour l'éducation, qui sans cela risque d'être impuissante puisque la vie est devenue, pour tous les âges, de plus en plus extérieure et sociale. Et c'est l'enfant d'abord qu'elle doit garantir. Ainsi posée, la question ne comporte pas de controverse, et il n'y a pas d'antinomie de droits.

Mieux encore. C'est aussi bien le droit de l'adulte, de tous les adultes de bonne volonté, le seul qui compte ou qui existe, le droit de ceux qui ne savent pas le défendre parce qu'ils n'osent pas l'affirmer, mais qui est aussi positif que celui de l'enfant. Car c'est la condition de toute vie sociale. Nous n'aimons pas assez l'enfant ni la justice, parce que nous ne comprenons pas. Tous ces attentats à la pureté des enfants, tous ces entraînements qui appellent publiquement les adolescents à la vie sexuelle précoce et coupable préparent des générations déprimées, avariées, qui seront des générations de décadence. Dépopulation, dégénérescence, c'est la mort. Le respect des droits de l'enfant peut seul nous en sauver.

CHAPITRE VI

L'École

Depuis qu'il y a des maîtres et des élèves, les uns sont faits pour commander, les autres pour obéir. Plus encore que la famille, foyer de tendresse avant tout, l'école est un milieu « d'autorité et de respect ». C'est pour son savoir que le maître est choisi, pour la supériorité de son esprit et de son caractère. L'élève, qui a tout à apprendre et son intelligence à former, est là pour écouter, suivre, accomplir les tâches imposées, docile à la parole et à l'action de celui qui l'instruit. Il n'a que des devoirs. C'est son intérêt même, dont encore il n'est pas juge puisque c'est le maître qui connaît ce qui lui convient sans même pouvoir, sauf à la fin, le lui expliquer, sans avoir de comptes à lui rendre. Délégué des parents ou de la collectivité, obligé vis-à-vis d'eux et responsable, il a sur l'enfant des droits qui sont la condition même de sa mission, un ascendant qui doit être indiscuté comme celui du chef : autorité qui, comme toute autre, doit être affectueuse, et plus que toute autre savante, intelligente. Les pédagogues de profession en ont plus ou moins bien compris le caractère. Les uns, consciencieux mais pédants, rudes ou maladroits, héritiers de ceux qui autrefois régnaient par la terreur et usaient des verges, se plaisent à commander et à défendre, à menacer et punir, à régner de haut : ils sont de moins en moins nombreux. Les autres, doux et patients, tolérants et paternels, s'appliquent à obtenir la sympathie et la bonne volonté des enfants, condescendent, au risque d'être dupes sinon victimes, à leurs faiblesses, à leurs prières, à leurs exigences. Les théories se partagent de même entre ces deux tendances : les plus célèbres ou celles qui gagnent de plus en plus l'opinion sont celles qui ont défendu l'éducation libérale et la « sévère douceur ». Du moins, jusqu'ici, l'autorité restait, autrement exercée, et l'obéissance, autrement obtenue, l'une et l'autre nécessaires.

Rousseau et ses disciples d'aujourd'hui, sans parler de Spencer et de Tolstoï, entendent supprimer l'obéissance, demander à la nature seule le progrès de l'esprit, remettre à la nature les sanctions de la conduite. Il serait facile de montrer ce que malgré tout il attribuait encore au précepteur de maîtrise et de gouvernement. Mais il a posé un principe dont le développement aboutit aujourd'hui à une définition nouvelle des devoirs du maître et des droits de l'élève. C'est celle que s'appliquent, en d'intéressantes expériences, à faire passer dans la pratique les apôtres de la pédagogie nouvelle, les directeurs des Écoles nouvelles (1).

Deux idées dominent ce mouvement de pensée et ces entreprises ; l'idée *d'action* et celle de *spontanéité* ou d'autonomie. Toutes deux sont présentées comme des données de la science, psychologique, pédagogique, sociale. On sait comment, dès la fin du siècle dernier, le discrédit, provisoire ou non, de l'intellectualisme pur a laissé place à une philosophie nouvelle. Le pragmatisme s'est offert comme satisfaisant seul à un besoin de connaissance plus profonde et immédiate, à un besoin de sentiment réclamant lui-même, au lieu des abstractions logiques, le contact de la réalité et la confiance en l'idéal. Il demandait à l'action le principe de l'un et de

---

(1) Avec des différences sur lesquelles il est inutile d'insister ici, cette thèse rapproche l'école américaine (Dewey, Angelo Patri), celle de l'Institut J.-J.-Rousseau de Genève (MM. Claparède, Bovet, Ferrière), celle de Mme Montessori, l'école belge (MM. Demoor, Decroly, Jonckheere), celle de la Nouvelle éducation (MM. Bertier, Cousinet, Mme Guéritte).

l'autre. L'idée, selon le mot de Proudhon, vient de l'action et y retourne. L'homme est avant tout producteur, créateur, *homo faber*. Toute son expérience acquise n'est que le résidu d'expériences innombrables, faites par l'humanité au cours de sa vie. Celles qui ont réussi à la satisfaction de ses besoins ont été fixées, cristallisées en coutumes, lois ou règles : la raison même n'en est que le résumé, toujours confirmé jusqu'ici, mais pourtant relatif, peut-être provisoire, puisque l'humanité aurait pu ou pourrait encore, peut-être avec un succès égal, s'engager en d'autres voies. Car les découvertes ne sont que des inventions : et tous les objets, tous les êtres que nous rencontrons sont avant tout pour nous des occasions ou moyens d'action, ou des obstacles à l'action. Le problème que chacun d'eux pose à chacun de nous est un problème d'action, et la vérité est l'idée qui réussit. Appliquées à l'étude de l'enfant, ces thèses transforment par une heureuse révolution toute l'éducation ; c'est une ère nouvelle qui commence.

On a fini par admettre qu'il y a une psychologie de l'enfant, si longtemps considéré, et si sottement, comme une miniature d'adulte. C'est un être en devenir, en croissance et qui a, variables avec sa croissance même, ses attitudes et ses intérêts propres, ses formes propres de penser, sentir et agir. La nature apparaît en lui autrement vraie et impérieuse que chez l'adulte civilisé, et le prend tout entier pour l'action. Aussitôt perçus les objets lui apparaissent comme utilisables ou nuisibles; il veut s'en emparer ou se met en état de défense. Il est, suivant la formule même du pragmatisme, tourné vers l'avenir. Nos méthodes traditionnelles vont donc à contresens, « inventions du diable » (1) qui déforment et martyrisent l'enfant en faisant de lui, dès l'âge le plus tendre, un intellectuel. Il faut le faire agir, que dis-je? le laisser agir. Son activité propre est celle du jeu, qui n'est ni délassement, ni dépense accidentelle d'un surplus d'énergie, mais apprentissage de la vie (2), pour devenir chez l'adulte activité supérieure. « L'homme n'est homme, dit Schiller, que lorsqu'il joue ». C'est à nous de savoir nous y prendre pour que l'enfant apprenne en jouant tout ce qu'il lui sera utile de savoir étant homme, homme d'un certain temps, d'un certain pays, d'une certaine civilisation. C'est en cela que consiste l'art du pédagogue, la technique que l'esprit nouveau doit instaurer. Elle ne doit plus servir à faire passer dans l'intelligence et l'âme de l'enfant quelque

(1) V. Ferrière, *Transformons l'école !*

(2) V. surtout Groos, *Die Spiele der Menschen*, et Claparède, *Psychologie de l'Enfant et Pédagogie expérimentale.*

chose de l'âme et du savoir du maître, à les manier et façonner *du dehors* par une inepte contrainte ou même par des pressions plus adroites. Il est sot de vouloir y verser l'instruction ou la moralité comme de vouloir « faire boire un âne qui n'a pas soif ». Et cela est dangereux : « Manger sans envie est dommageable à la santé, dit Léonard de Vinci; de même étudier sans désir. » C'est à la lettre que l'analogie doit être prise. En tout être vivant la force de croissance est au dedans : c'est de la spontanéité qu'il faut tout attendre. L'éducateur n'a-t-il donc plus aucun rôle? Il a un autre rôle, et que voici. L'enfant nourrit son corps avec des aliments que les parents, d'abord la mère, mettent à sa portée; mais c'est lui qui *se* nourrit. Il en est de même pour son esprit, qui a en soi son élan de vie, son appétit de penser. Tout ce que le maître peut faire, c'est de fournir à cet appétit des aliments et occasions, de le mettre en face de réalités, nombreuses, choisies, bien présentées, ou de le placer lui-même vis-à-vis d'elles de telle façon que l'appréhension et l'assimilation en soient plus aisées et plus complètes. On n'instruit pas un enfant : il *s'*instruit. Le matériel des jeux éducatifs, des leçons de choses, des expériences scientifiques, l'installation et le régime des écoles nouvelles répondent à cette idée : aider au développement spontané de l'intelligence de l'élève en suivant les étapes de ses intérêts scientifiquement déterminées.

Cette instruction est inséparable d'une éducation morale. C'est par les mêmes méthodes, dans ces jeux mêmes et exercices, dans ces recherches et créations personnelles, dans la coopération avec d'autres enfants sous une loi de justice et de solidarité que se forme, s'assouplit, se fortifie le caractère, le moi individuel et social. Rien n'y est déformé ni mutilé. La nature va à sa fin selon son mouvement propre, dans la joie. Pas d'autre effort que l'effort joyeux. Pas d'autre discipline que la vie sociale. « On n'élève pas un enfant : il *s'élève* (1) ». Il reste lui-même, dans son être et dans son devenir. Il n'y a pas d'autre méthode pour respecter son droit naturel.

Ce mouvement pédagogique, cette annonciation des temps nouveaux, du vrai « siècle de l'enfant », rejoint le mouvement de philosophie sociale que nous avons analysé dans le premier chapitre et qui assimile les droits de l'enfant à ceux de l'adulte et du citoyen. Lui aussi, comme toute personne autonome et membre d'une

(1) Je renvoie pour le détail du système aux ouvrages des auteurs que j'ai nommés. Je n'ai à retenir ici que le principe, et ce qui intéresse la définition des droits de l'enfant.

société de personnes, il est citoyen ; une société
d'enfants est elle-même autonome (1). L'école
aux écoliers ! Une classe n'est plus une réunion
de sujets dociles sous la royauté d'un maître,
mais un groupe de travailleurs dont la vie ne
sera normale que si la nature y joue librement
dans la solidarité. Cette vie sera donc celle d'une
véritable *cité* scolaire, d'une république, où les
enfants se prépareront par la liberté à la liberté.
Chacun aura son droit de vote, et les fonctions
seront, comme ailleurs, données à l'élection (2).
Services d'entretien, de surveillance, de police,
de discipline, seront confiés à des élèves librement choisis par leurs camarades en raison de
leurs qualités, de leurs défauts peut-être, les plus
indisciplinés de l'ancien régime étant les meilleurs disciplinaires du nouveau. Les sanctions
seront remises à un tribunal d'élèves ; le travail
sera organisé par une coopérative (3) qui aura
son président, son secrétaire, son trésorier, et
qui, pour enrichir le matériel scolaire, se procu-

(1) V. Ferrière, *L'autonomie des écoliers.*
(2) V. *School City, a new system of moral and civic training,*
Washington — *The Gill system,* New York, 1901 — Dewey,
School and Society — Fœrster, *L'école et le caractère* —
Dutton and Snedden, *The administration of public education
in U. S.* — Baldwin, *Méthodes américaines de self govern-
ment,* Bulletin de la Société Binet, février 1910.
(3) Profit, *Revue pédagogique,* décembre 1921.

rera des fonds par des souscriptions, cotisations, produits de fêtes, etc. Des exemples existent de cette organisation en Amérique (*Salt Lake City*), en Suisse, en Allemagne, en Angleterre : vrai régime d'autonomie des écoliers (1), de démocratie d'élèves. Il ne manque, semble-t-il, plus qu'une condition, l'élection du maître qui ne serait plus que leur mandataire, soumis au contrôle des administrés, périodiquement renouvelable — et révocable. Mais que dis-je ! L'autorité, même temporaire, disparaît, puisque les enfants doivent s'élever seuls. Reste toutefois la fonction de l'adulte savant qui fournit les moyens de croissance, le matériel, la nourriture, mais qui n'est plus ensuite qu'un témoin. A la limite il n'y a donc plus d'école, pas même celle d'Yasnaia Poliana, et se réalise pour les enfants la Thélème de Rabelais ou le phalanstère de Fourier laissant chacun à l'attraction passionnelle, ou encore l'Utopie de W. Morris qui, dans ses *Nouvelles de nulle part*, décrivait la vie de 1950. Plus de contrainte, ni de discipline. Chacun ne fait que ce qu'il veut et se porte, avec l'infaillibilité

(1) Suivant un autre régime, celui de la High School de Dalton (Massachusets), chaque enfant décide chaque matin de la classe ou du laboratoire où il travaillera, et où le maître prend tous ceux qui se présentent — V. *Educational Times*, 18 nov. 1920.

de l'instinct, à faire ce qui lui est bon, à apprendre ce qui vaut pour lui, et qu'il saura bien. Un être libre doit se développer librement; c'est ce que fait l'enfant en imitant ses aînés; l'imitation mène à l'émulation, sanction nécessaire et suffisante de l'effort. De ce droit primordial l'école actuelle avec ses artifices est la négation absolue. Rien n'est moins naturel pour les enfants que d'être enfermés six heures au moins par jour, en groupes de 4o ou 5o, occupés à entendre des leçons, lire, écrire, prendre des notes sous la dictée, tendre l'effort de leurs cerveaux vers un intérêt lointain dont ils subissent l'idée sans le comprendre ni même le connaître. Leur droit est de jouer, d'agir, de grandir en âge et en savoir dans la santé et dans le bonheur.

Il ne faut décourager personne de rendre aux hommes, surtout aux enfants, le paradis terrestre. Et il y a dans les théories qui soutiennent cette entreprise, même dans leurs utopies, une grande part de vérité mêlée à des équivoques sinon à une erreur radicale. Il est très vrai que la contrainte prolongée est un mauvais moyen d'enseignement, qu'un esprit n'est pas un mécanisme qu'on fait marcher du dehors. C'est au dedans qu'est la force de croissance, l'appétit du plus et du mieux, la volonté même qui discipline les instincts et se discipline. C'est cet être intellectuel et moral qui doit se mouvoir, se hausser jusqu'au savoir et à la vertu, se libérer du moi inférieur, s'élever. Le droit du tout petit est de jouer, même pour apprendre à lire et à écrire s'il faut que déjà il écrive et lise. L'école maternelle ne doit pas être une école. Plus tard même, on ne privera ni le second âge, ni le troisième de ce que le jeu pourra leur apprendre d'utile, et l'intérêt restera le premier mobile, le mobile par excellence de l'étude. Si l'on pouvait, en atteignant aux mêmes fins, sociales, scientifiques, morales ou à mieux encore, instruire l'élève dans la nature, non dans des salles de classe, rien ne justifierait l'artifice de l'école, ses désagréments, ses dangers. A bas l'école! si elle est inutilement dangereuse et ennuyeuse.

En tous cas, si on la maintient en attendant, faute de trouver mieux, comme font les praticiens de la pédagogie nouvelle qui ne jouent pas avec les utopies, en tous cas, dis-je, que l'école appartienne aux écoliers! C'est leur droit. Elle n'est pas faite pour les maîtres, comme il arrive dans les régimes de routine où le service public est au service du fonctionnaire. Les maîtres ont leurs droits, certes, en tant que représentants de la famille et de la société, en tant que supérieurs par le savoir et, normalement, par la tenue morale. Il faut qu'ils trouvent à l'école et dans le beau métier qu'ils ont choisi leur satisfaction, le respect de leur valeur. Mais cette valeur même, honorée et rémunérée comme il convient, est au service des enfants. Emplois du temps et horaires, programmes, méthodes, discipline, etc., tout cela est assujéti, non à la commodité des maîtres ou à leur agrément, mais à l'intérêt des élèves. Si on peut leur remettre telles ou telles fonctions, s'ils profitent à les accomplir, à organiser eux-mêmes leur travail en une libre et raisonnable coopération, cela encore leur est dû. Honneur aux écoles où ces initiatives réussissent, et où la liberté « politique » mène à la liberté spirituelle ! Enfin ce sera tout bénéfice si on peut réduire sans dommage le rôle du maître et faire des économies considérables sur le personnel, peut-être sur les bâtiments scolaires, et comprendre parmi les droits des écoliers le droit à l'école buissonnière (1) ! Qui donc voudrait les gêner inutilement ? Nous sommes tous de l'avis de Mme Montessori : toute contrainte inutile est coupable, et toute intervention qui, dispensant l'enfant d'agir, retarde le développement de sa personnalité.

Allons donc jusqu'au bout de l'idée juste. N'allons pas jusqu'au rêve. Surtout écartons les équivoques sur les termes de nature, liberté,

____

(1) V. Ferrière, *Transformons l'école !*

spontanéité, autonomie, intérêt, en un mot sur le vrai sens des droits de l'enfant, à l'école comme dans la famille. La pédagogie nouvelle n'a pas assez de sarcasmes contre l'ancienne ; pourtant elle conserve l'école, je ne dis pas l'école buissonnière, mais l'autre. Elle l'installe au grand air, à la campagne, non en plein vent ou dans un camping, mais dans des bâtiments munis de tout le confort moderne, de toutes les commodités de la civilisation. Il ne suffit donc pas de laisser l'enfant à sa nature, et la science n'a pas seulement ici pour fonction de la faire connaître et comprendre, pour que s'y ajuste docilement l'éducation. Elle vient au secours de son insuffisance en prétendant répondre à son appel ; et c'est à la civilisation, non à la vie sauvage et toute naturelle, qu'elle prépare l'enfant. Voilà donc que s'impose, comme fin ou comme moyen de l'évolution, une vie sociale très complexe, très savante, très artificielle ; *ars addita naturae.* Voilà que se pose, ici comme ailleurs, le problème de savoir quelle part revient à la *spontanéité*, à l'instinct, et quelle à la science, à l'art, à l'industrie, aux œuvres de la *réflexion.* Lequel des deux termes sera mis au service de l'autre ? Quel sera le but, quel sera le moyen ? On a beau dire après Rousseau qu'il faut avoir été un bon sauvage pour

être un bon civilisé ; on ne le démontre pas, sauf
pour ce qui concerne le développement physique ; est-ce donc la vie sauvage que celle de
cette école où règnent le chauffage central et
l'éclairage électrique, sans parler du reste? Surtout on ne démontre pas que l'esprit du petit
sauvage aille de lui-même, comme l'humanité,
par étapes abrégées mais à travers les mêmes
erreurs, et avant la fin de l'adolescence, de la
vie des cavernes à la civilisation du XXᵉ siècle.
Le postulat de la thèse naturaliste est que l'onto-
génèse reproduit en raccourci la phylogénèse ;
mais c'est, au moins pour le développement
intellectuel et moral, un postulat, voire une
négation des faits. L'éducation humaine est une
œuvre de réflexion et de science qui, étudiant
la nature et se servant de ses lois, la plie à d'autres
fins, et, non seulement précipite son mouvement,
mais l'adapte à une autre table de valeurs. Il n'en
peut être autrement. Notre petit citadin, notre
petit paysan même, ne peuvent *vivre* successive-
ment l'âge ou les âges préhistoriques, l'antiquité
(et quelle antiquité?), le moyen-âge, les temps
modernes. L'école nouvelle ne suit qu'en apparence, en trompe-l'œil, cette progression. Ses
élèves connaissent le chemin de fer et le téléphone
avant l'âge de pierre. Assurerait-on même jamais
à tous les enfants le bienfait de cette éducation

« naturelle » dans la mesure où elle est possible?
Il faudrait pour cela les transporter tous à la
campagne : ce peut être un souhait, non un projet. On peut déplorer, surtout pour l'enfant, la
vie des villes ; on ne peut pas enlever à leurs
familles tous les petits citadins.

Aussi bien leurs fondateurs reconnaissent que
ces écoles fonctionnent dans des conditions spé-
ciales. La plupart, sinon toutes, sont des inter-
nats, avec des élèves peu nombreux, moins de
cent en général, et payant cher, avec des maîtres
qui sont des apôtres de l'idée nouvelle. Si admi-
rables que soient les résultats et même, dans une
vaste école d'Amérique, le succès d'Angelo Patri,
ou encore celui des écoles du Tessin, l'expérience
reste à faire en grand, après ces expériences de
laboratoire, que la guerre a du reste rudement
éprouvées. Elle reste à faire dans le système d'enseignement d'un grand pays, sur des millions d'é-
lèves, avec des centaines de milliers de maîtres et
maîtresses, dans les limites d'un budget officiel.

Mais peu importe au point de vue de notre
étude. Tenons pour acquis ces résultats, sous
cette réserve pourtant que le résultat d'une éducation s'éprouve par la vie, et que c'est sur l'a-
dulte qu'il en faut juger le succès ; que donnerait
celle-ci sur toute une génération à l'âge de 35 ans?
Salutaire ou non, cette méthode *remplace*-t-elle

l'autorité de maîtres par l'autonomie des écoliers? Non. Elle supprime les contraintes inutiles, la terreur (qui n'existe plus guère), la grosse voix, les menaces, les pensums, les sanctions artificielles. C'est justice, et c'est tout profit. Les enfants se meuvent plus librement, corps et esprit, sont heureux à l'école et amis du maître ou de la maîtresse (cela arrive ailleurs). Mais l'autorité reste, assouplie, ingénieuse, intelligente, bienfaisante, donc nécessaire. On admet en principe qu'il y ait, exceptionnellement, des enfants rebelles, et on les traite comme des malades : bon procédé peut-être sinon indiscutable pour tous les cas, mais acte d'autorité, et qui inflige une sanction redoutable, la mise à part, dans le coin ou ailleurs, parfois l'exclusion de l'école. Et pourquoi les dit on malades, ou infirmes? Parce qu'ils manifestent une disposition anti-sociale, qui pourrait être par ailleurs une promesse d'originalité. A un degré moindre c'est la turbulence, l'humeur exigeante, le sans-gêne, l'égoïsme des enfants qui usent de leur liberté pour entraver celle des autres, pour les empêcher d'écouter ou de jouer, pour réclamer un jouet hors de leur tour. L'ancien régime les admonestait ou les punissait : ici on les met hors d'état de troubler la vie sociale. Car, comme dit Durkheim, « la société fait sans cesse violence à nos appétits naturels, précisément parce qu'elle nous élève au-dessus de nous-mêmes. Il faut que nous soyons dressés à violenter parfois nos instincts, à remonter quand il le faut la pente de la nature (1) ». A l'ascendant personnel du maître on a substitué ou cru substituer l'ordre social; c'est toujours une autorité, aussi rigoureuse quand elle s'exerce. Et comment s'exerce-t-elle, sinon par l'ascendant du maître? La maîtresse de l'école ou de la maison Montessori doit toucher les âmes de chacune de ses élèves (il y en a qui y ont fort bien réussi ou y réussissent de mieux en mieux dans l'ancienne école), après quoi un geste suffit pour la faire obéir. « On n'impose rien, sinon le respect des droits du prochain. Mais sur ce point on est très strict (2). » « On », c'est l'autorité, celle de l'adulte. Ainsi, non seulement une société humaine n'est pas un jeu de spontanéités, et il n'y a de Thélème que dans l'utopie puisque la cité céleste même n'est pas celle de l'autonomie; mais dans toute cité d'enfants il y a une autorité qui vient d'en haut.

Et ce n'est pas dès l'entrée à l'école, ce n'est même qu'assez tard que les écoliers ont l'autonomie de libres citoyens. A l'enfant, incapable

----

(1) *Les formes élémentaires de la vie religieuse*, p. 452.
(2) Ferrière, *Transformons l'école*, p. 66.

de se suffire, est, par nature, nécessaire une tutelle. Avant la « liberté réfléchie » il passe par deux régimes : 1° celui de *l'autorité consentie*, où il reçoit en grande partie, du dehors au dedans, la matière de ses jugements et de ses habitudes... « forte armature d'habitudes d'hygiène et de morale... bien ancrées par les réactions quotidiennes et les sanctions naturelles », ce qui laisse à penser que l'autorité n'est pas tout de suite consentie; 2° « le régime de *l'anarchie relative* ; où l'adolescent, impatient de secouer la tutelle d'autrui, n'est néanmoins pas encore capable de porter des jugements personnels et de se conduire seul (1). » Aussi, même dans les républiques d'écoliers les plus « modernes », le maître reste-t-il autre chose qu'un témoin. Le veto, l'arbitrage obligatoire maintiennent le rôle du « maître ». Et ce n'est tout de même que par métaphore ou figure de rhétorique que Mme Montessori nous représente la vie des Case dei Bambini comme celle d'une démocratie. Le mensonge qui consiste à « dérober aux enfants leurs lisières » serait-il le mot de l'éducation libérale? Rien ne serait plus déplaisant, plus douloureux que cette antinomie. Rien n'est plus faux aussi. Mais les lisières sont donc nécessaires.

(1) *Ibid.*, p. 33, 50.

Dira-t-on que du moins l'*esprit* de l'élève est autonome, et va spontanément à l'instruction ? (1) Mais le maître garde dans l'école nouvelle la direction des exercices : il enseigne, il donne des devoirs à faire, des leçons à apprendre. Et si ce reste de dogmatisme paraît encore excessif au libéralisme extrême des tolstoïsants, du moins on ne laisse pas l'enfant chercher seul sa nourriture intellectuelle, recommencer seul les expériences de l'humanité. On lui fournit les aliments et matériaux ; on les choisit donc pour lui, les jugeant plus instructifs et plus intéressants ; c'est encore un bienfait d'autorité qui met à son service un savoir supérieur. La spontanéité est guidée, orientée, dominée, et, dans une certaine mesure, contrainte, pour son propre bien.

En résumé, on voit combien sont équivoques ces expressions : « laisser libre cours à la spontanéité de l'enfant, à ses intérêts, suivre le mouvement ou le progrès de la nature, etc. » A lire certaines déclarations de principes, il semble que la nature soit toute bonne, et qu'il faille seulement la délivrer de nos artifices, des gênes

---

(1) Combien il y aurait à dire, si c'était le lieu, sur le rapprochement entre cette méthode et celle de Fénelon, qu'on oublie ou qu'on connaît mal, et aussi sur ce que Fénelon — on ne l'a pas bien vu — maintient d'autorité dans son éducation attrayante !

que nous lui imposons du dehors, pour libérer une liberté intérieure. La théorie se donne ainsi, non sans illusion, le bénéfice d'une nouveauté révolutionnaire, seule intelligente et scientifique. A quoi vient d'elle-même cette objection que ce « dedans », cette nature est dès l'enfance très complexe, sinon contradictoire, qu'il y a des appétits inférieurs, des tendances au mal et au désordre, et que le régime des enfants gâtés consiste, lui aussi, à laisser libre mouvement à leurs intérêts spontanés. L'enfant, comme l'homme, ne s'élève au-dessus de lui-même qu'en « domptant sa nature au point de lui faire suivre une voie contraire à celle qu'elle suivait spontanément (1) ». Mais on vient de voir tout ce qui, en fait, subsiste d'autorité. Et ailleurs, ou après discussion, la théorie même ne parle que des besoins *normaux*, des heureuses dispositions qui se trouvent dans la nature. Mme Montessori « extirpe » les autres dès le premier moment, après quoi tout devient évidemment plus facile ! M. Ferrière entend libérer dans l'enfant la vie *spirituelle*. Mais quoi ? L'ancienne pédagogie a déjà dit — et même fait — quelque chose de tout semblable. Malebranche veut que l'on conduise les enfants par la raison, puisqu'ils

(1) Durkheim, *Ibid.*, p. 451.

en ont et de très bonne heure, Guizot par leurs qualités. L'éducation la plus austère, celle de Port-Royal, ne tend aussi qu'à libérer l'esprit dans l'enfant en le défendant contre le diable qui rôde autour de lui. Les noms viennent en foule des pédagogues intelligents et des bons maîtres qui n'ont pas voulu ou fait autre chose. Il y en a d'autres, et nombreux, cela va sans dire : il y en a encore. Et la « nouvelle » pédagogie a grandement raison de crier, une fois de plus, contre eux et contre la routine. Mais tout n'y est donc pas neuf, et la défense la plus jalouse des droits de l'enfant installe l'autorité dans l'école. Dès qu'une école est ouverte, l'autorité est là, qui attend les enfants. Elle est dans ses cadres, dans ses dispositions matérielles, dans ses programmes : elle sera surtout dans l'action intelligente, affectueuse, adroite, mais toujours présente, du maître.

Reste pourtant une différence importante dans la définition de la méthode. Comment la raison naturelle se libérera-t-elle, deviendra-t-elle consciente, réfléchie? Par l'*effort*, d'abord pénible, dit la thèse classique ; car l'intérêt vrai est lointain. L'enfant n'y est guère sensible ; sa raison est déjà là, mais trop faible encore pour triompher de la spontanéité mauvaise ou portée au plaisir. Le maître est là, comme le père, pour imposer, s'il le faut, l'action raisonnable, la tension de la jeune volonté ; l'intérêt viendra ensuite, une fois la tâche commencée, et dans le mouvement même du travail. Erreur, dit la thèse nouvelle, ou renouvelée par la science. C'est l'*intérêt* qui doit d'abord et toujours déterminer l'effort. L'enfant n'obéira jamais qu'à ses intérêts propres, à sa spontanéité. Le maître arrangera seulement les choses pour que soit dominante ou puisse seule jouer la spontanéité raisonnable, pour que, disait Fénelon, la vertu soit toujours aimable et le plaisir du côté du travail, pour que, disait Locke, « tout ce que les enfants ont à faire leur paraisse un divertissement ». Question de méthode, ou plutôt question de succès. On est d'accord sur le but à atteindre ; il ne faut que réussir. L'écart n'est pas si grand entre les bons maîtres d'un côté et de l'autre. Si la méthode nouvelle commence par déraciner les mauvais instincts, l'essentiel est fait ; mais elle y emploie au besoin la contrainte et le dressage : il est facile alors de faire confiance aux autres. On voit l'équivoque possible de cet optimisme.

Mais laissons les problèmes d'application pratique. Il importait seulement d'écarter la confusion où l'on semblait opposer les droits de l'enfant à l'autorité, qui retrouvait ensuite tous ses droits. Tout l'essentiel est là. Et nous pouvons reprendre à propos de l'école nos conclusions sur la famille. Il n'y a point, ici non plus, d'opposition de droits. Le maître n'a pas droit à une obéissance qui déprime et asservit l'enfant : cette domination n'est pas l'autorité : personne ne la défend. L'autorité libère, par des procédés ou par d'autres : ils sont divers comme les tempéraments, mais l'amour en est inséparable. C'est le droit de l'enfant qui impose au maître le devoir de l'exercer. Il a droit à ce qu'on obtienne de lui, amicalement, mais sans défaillance, cette docilité à la raison adulte qui aide sa raison naissante ou encore mal assurée à s'affirmer, à se conquérir. L'accord des droits est parfait. Ce n'est pas la nature, sauf équivoque, qui en fait l'unité ; c'est la raison, sans laquelle il n'y aurait pas de droits ; c'est l'Esprit, que le maître sert en apprenant à l'enfant à le servir.

CHAPITRE VII

Les Églises

Vie familiale, vie nationale, chacune a son droit (1) sur l'enfant, seul capable de les continuer l'une et l'autre, et qui sans elles ne serait pas et ne grandirait pas. Et ses droits à lui ne sont violés ou restreints ni par l'autorité légitime du père ni par l'autorité légitime de l'État, parce qu'elles ne sont l'une et l'autre que des formes de l'amour qui élève (2). Quels que soient les obligations et sacrifices qu'elles lui imposent, elles sont des moyens nécessaires, et auxquels il a droit, de croissance morale. Si les droits qu'elles ont sur lui semblent parfois s'opposer, quand il

(1) L'école ne tient son droit que de la famille ou de la Cité.

(2) « La beauté, dit Ravaisson, est le mot de l'éducation. » C'est bien plutôt l'amour ; ou si c'est une même chose, et précisément dans la philosophie de Ravaisson, elle s'exprime mieux par le mot d'amour.

faut qu'il choisisse entre ces obligations mêmes, ce n'est qu'une apparence. La patrie n'est solide que si elle repose sur la famille; elle ne peut donc vouloir qu'il la renie, car elle périrait elle-même, à plus ou moins longue échéance, de la ruine de la famille. Et les parents ne doivent pas, si douloureux que puisse être le devoir, refuser l'enfant à la patrie quand elle ne réclame que son droit, parce que la famille ne peut suffire à tout, ni physiquement ni moralement; elle ne se perpétue et elle ne s'élève à sa destination morale que dans une patrie.

Mais il faut pour cela que l'une et l'autre aient conscience, non seulement des nécessités qui les enserrent, mais aussi des valeurs qui, en fondant leurs droits, les limitent et réclament l'enfant pour ce qui leur donne à elles-mêmes leur sens et les dépasse; autrement dit, non seulement des nécessités inférieures qui conditionnent leurs actes dans le temps et l'espace, mais des nécessités supérieures où la raison se reconnaît et où les personnes trouvent, avec la liberté vraie, le lien des âmes dans la famille et la cité spirituelles. Sans quoi chacune d'elles pourrait, usant de force ou d'adresse, refuser son aide à l'autre; et l'enfant, une fois grand, pourrait se refuser à toutes deux, comme il arrive quand le bien-être temporel est la seule loi. Si leurs droits s'accordent ensemble et avec ceux de l'enfant, c'est que toute cette humanité appartient en droit à ce qui est au-dessus d'elle et vers quoi tend son progrès véritable. Or, il n'est pas douteux que l'enfant doive être élevé non seulement pour faire durer la vie, mais aussi pour la faire progresser. Les parents aiment mal et élèvent mal leurs enfants, qui ne les veulent pas meilleurs qu'eux, et capables d'élever mieux encore leurs propres enfants. La politique aussi est bien mesquine, et misérable qui ne tend qu'à faire durer l'état actuel et ne songe pas à préparer pour l'avenir, par l'éducation, une patrie plus grande, réalisant une forme plus haute de société humaine, idéalement une patrie humaine universelle. C'est ce qui donne un sens à la vie ; c'est le principe dont se réclament tous les réformistes et révolutionnaires, plus ou moins impatients de progrès. A quoi les traditionalistes même ne se refusent pas s'ils estiment que « notre grande affaire est de devenir chaque jour plus forts que nous-mêmes » et que la Cité terrestre doit imiter de mieux en mieux la patrie céleste. Qu'il s'agisse de faire arriver le règne de Dieu ou celui de l'Humanité, une autorité apparaît qui, à son tour, revendique un droit, le premier sans doute et le plus haut, sur l'enfant, celui qui fonde tous les autres.

Et c'est donc un droit, le droit supérieur de

l'enfant d'être initié à cette vie, préparé à prendre sa place, au moins idéale, dans cette humanité supérieure, à en hâter lui-même, si possible, l'avènement. C'est son droit le plus formel, puisque tous les autres, nous l'avons vu, lui viennent de là, je veux dire de son titre de personne morale, de membre de la Cité spirituelle. Il n'en aurait point s'il n'avait pas d'abord celui-là ; il serait livré aux conflits des forces et des intérêts. Il n'appartient vraiment qu'à ces fins supérieures où se résout, insoluble ailleurs, l'opposition de l'individuel et de l'universel, où se concilient, disons mieux, où s'anéantissent tous les droits dans l'amour. Après ce qui précède aucune difficulté ne se pose là-dessus, et toute nouvelle démonstration ne serait que redites.

Plus encore que l'autre, cette éducation civique supérieure doit être donnée par la pratique. Il est douteux que l'on doive enseigner par l'action positive des devoirs civiques, organiser à l'école une salle de vote et un tribunal, faire jouer les enfants au citoyen, ou remettre à leurs élus l'administration et la discipline de la classe. Les expériences que l'on fait en Amérique (1), si séduisantes qu'elles soient, ne sont pas toujours aussi probantes qu'il semble ; et l'on peut

(1) V. chap. VI.

réserver son avis ou du moins limiter ces leçons
de choses à ce que les enfants peuvent vraiment
comprendre et faire. Ce n'est pas les aider à grandir que les traiter en citoyens avant que vraiment
ils le puissent être, et de leur confier, avant qu'ils
en saisissent la portée, la gestion de leurs
droits, de leurs intérêts et des intérêts communs.
Les républiques d'écoliers ne sont qu'un artifice
et un trompe-l'œil; les enfants ont le droit d'être
enfants ou droit à être enfants. Au contraire, ils
sont dès l'enfance, par le sentiment moral ou
religieux, puis par la réflexion, introduits dans
la société spirituelle : ils y ont de bonne heure
un rôle et des devoirs. Déjà la famille est une
forme ou imitation de cette Société même, où
tout est commun entre les âmes. Mais elle est
étroite et ne répond pas à tout l'élan des âmes,
dont chacune tend normalement à s'unir par le
meilleur de soi avec toutes les autres.

C'est cette union idéale, universelle en principe,
que veulent imiter, ou réaliser dans la mesure
du possible, en devançant ou réformant la société
positive, dans tous les cas préparer les sectes
philosophiques et les Églises. Et il est bien sûr
qu'on ne fait pas tout seul, et en ne vivant que
pour soi et chez soi, son salut moral. Il faut
apprendre, et, dans la mesure de son âge, pratiquer sous sa forme la plus haute la solidarité

des âmes. L'enfant a droit à cet apprentissage ; il a droit à faire partie d'une organisation d'entr'aide morale, d'une famille spirituelle. Qui donc assurera ce droit qu'il ne peut défendre lui-même? Qui le garantira contre la famille si elle oublie ses devoirs, contre l'État si l'État outrepasse ses droits? Qui sera pour lui le véritable gardien de l'idéal, le gardien de son droit à l'idéal ou à l'au-delà? Quelle autorité, et avec quelle force de contrainte et de commandement, pourra ici s'imposer? L'Église, répondra-t-on, en donnant à ce mot son sens large (1) ; et chacun n'attribuera cette autorité qu'à son Église, ceux qui la remettent à l'État faisant, nous l'avons vu, de l'État une Église. Mais qui choisira l'Église pour chaque enfant? Le voilà livré aux disputes, à des disputes d'autant plus âpres que chacun est plus assuré de sa croyance et plus obligé par sa foi même à la propager, à s'emparer des enfants pour recruter des fidèles, mais aussi pour les sauver eux-mêmes malgré tout. Il n'y a donc plus de droits en face de celui-là, puisque rien n'est au-dessus de ce qu'il représente. C'est le droit de l'enfant à être pris tout entier par l'Église puisqu'il s'agit de son intérêt suprême.

(1) Dans tout ce qui suit je ne nommerai, pour abréger, que les Églises, mais en appliquant l'idée à toute organisation de vie et de société spirituelles.

Famille et État n'auront que ce que l'Église leur laissera ou plutôt leur imposera. Voilà donc le conflit allumé entre les Églises et l'État, entre le spirituel et le temporel.

Mais ne suffit-il pas de séparer les deux pouvoirs, et de les tenir chacun chez soi? Solution plausible et possible, encore que pratiquement fort complexe, quand il s'agit des adultes dont chacun peut librement choisir ou renier son culte. L'Église est maîtresse chez elle, et l'État garde le pouvoir de garantir l'ordre public, d'imposer le respect de la légalité et de la patrie, de garantir la liberté religieuse contre toute contrainte temporelle. Mais la question ne paraîtra-t-elle pas insoluble quand il s'agira de l'enfant, qui ne peut choisir lui-même ni être livré comme enjeu à la bataille des dogmatismes? Toutes les Églises réclameront le droit de le sauver, chacune refusant aux autres et à l'État toute autorité sur sa vie spirituelle. Et l'État, ne fût-ce que pour maintenir la paix publique, devra donc ou reconnaître le privilège, le monopole d'une Église, et mettre sa force à son service, ou s'en servir lui-même en la domestiquant, comme a voulu faire Napoléon, à moins qu'il ne distribue les enfants entre les Confessions au prorata de leur importance actuelle.

Dans toutes ces hypothèses il sortirait de son

rôle et de ses compétences. L'État moderne n'a
pas le droit de prendre parti, ni de consacrer
une croyance, ni de s'ériger en arbitre au-dessus
de toutes les croyances. Vis-à-vis de l'enfant, son
autorité est trop impersonnelle, sa justice trop
égalitaire pour qu'il puisse s'emparer de son
âme et l'attribuer comme une recrue à tel ou
tel régiment spirituel. Il y faut toujours revenir,
surtout quand il s'agit de l'être moral de l'enfant.
Ce n'est pas à une justice ni même à une solidarité impersonnelles qu'il a droit, mais à un
amour qui est privilège. S'il faut choisir pour
lui une destination ou orientation religieuse, la
décision ne peut être remise à un chef de bureau.
Ceux-là seuls peuvent avoir le droit — et le
devoir — de choisir qui lui ont tout donné
et se donnent à lui tout entiers. Il n'y a que
confusion et déséquilibre si on laisse l'enfant
seul entre l'État et les Églises. Rien de clair et
de normal sans la famille dont tant d'esprits se
laissent aller à admettre, à organiser le remplacement. Tout autre pouvoir, État ou œuvre
d'assistance, est arbitraire quand il se substitue
à elle. Cela est inévitable pour les enfants trouvés ; mais comme il est difficile à une Administration, à l'Assistance publique en particulier,
de prendre parti pour leur vie religieuse ! Seule
la famille a vraiment dans le cas normal le

droit de décider, parce qu'elle a naturellement les devoirs qui y répondent.

Est-ce à dire que l'État n'aura ici plus de droits ? Il garde tous les siens, vis-à-vis des Églises et vis-à-vis des parents. Si l'on fausse tout en subordonnant le domaine spirituel à l'autre ou en l'y absorbant, il n'est pas question de laisser perdre dans les luttes religieuses la seule unité qui reste dans un pays moderne. L'État reste maître d'imposer, s'il le faut, à tous les pouvoirs spirituels, à toutes les autorités des Confessions ou des sectes, l'observance des lois, de la moralité publique, du service de la patrie. C'est son devoir, et c'est le droit de l'enfant, nous l'avons dit, d'être élevé dans le respect, dans l'amour de la paix sociale et de l'unité nationale. Mais si l'on s'en tient là, c'est aussi le devoir, et l'intérêt, des organisations religieuses et philosophiques. Aucune ne peut s'y refuser, et nous voyons qu'en fait, les Églises ne sont pas les moins attentives à prêcher le patriotisme. Contre les révoltés ou renégats du civisme l'État devra jalousement et sans faiblesse, sans compromission, défendre cette paix intérieure dans laquelle l'enfant a le droit de grandir.

Ces définitions laissent place assurément à beaucoup de difficultés pratiques ; car toute organisation spirituelle, en même temps qu'elle

se meut dans des cadres temporels, et a besoin
de manifestations publiques, comporte une doctrine politique et sociale et tend à la faire triompher. Mais la solution de ces difficultés est une
tâche quotidienne de gouvernement et d'administration. Là comme ailleurs, le principe une
fois posé, elles se résolvent quand on applique
la règle avec l'esprit de la règle. Si l'on voulait,
au sujet de l'éducation, en particulier de l'école
publique, entrer dans le détail pratique, on
montrerait que cette pacifique relation du spirituel et du temporel admet plusieurs régimes.
L'école publique peut se fermer à tout enseignement religieux en laissant aux parents toute
la liberté et tout le loisir qu'il faut pour le faire
donner aux enfants. Elle peut lui faire place
dans ses propres cadres ou au moins dans ses
locaux en permettant aux représentants des
diverses confessions de réunir les enfants à des
heures déterminées. Qu'on soit d'accord sur l'essentiel, la solution la plus commode pour les
écoliers sera la meilleure.

En tous cas le droit de l'enfant veut qu'il y
ait d'autres formes d'éducation possibles que
celle de l'école publique. Il veut que soit possible, dans le loyalisme sincère, une éducation
toute spirituelle, superposée à l'autre, ou paral-
lèle, ou même — il faut préciser — inspirant

et dominant l'autre, lui donnant son sens et un principe de vie supérieure. Les fidèles de chaque doctrine doivent pouvoir organiser, non seulement l'enseignement spirituel ou confessionnel, mais un enseignement complet, irréprochable dans son zèle à l'égard de la science positive et de la patrie, et animant tout, y compris ce zèle lui-même, de l'esprit de la doctrine. Aux parents de choisir pour l'enfant cette doctrine, soit qu'ils confient toute sa vie spirituelle à une Église et le fassent, en un sens large du mot, baptiser, soit qu'ils prennent la charge d'y suffire eux-mêmes. Ils devront en être laissés libres, mais le faire en toute conscience, avec le souci de toute cette responsabilité, qui est terrible, pour reprendre le mot de Saint-Cyran. Car il s'agit de l'intérêt suprême, et il est impossible, nous l'avons vu, de s'abstenir ou de ménager le pour et le contre. Heureux ceux dont la foi n'a pas à hésiter !

Mais ne va-t-on pas dire que le droit du père est intransmissible (1), ou, en d'autres termes, qu'il viole le droit de l'enfant, en abdiquant, en le cédant, en l'abandonnant à d'autres, en se faisant remplacer ? Ceux-là, en tous cas, ne sauraient le soutenir qui auraient déjà, au nom de

______

(1) Cf. Lanson, *Revue de Métaphysique*, 1910. V. *supra.*

la Cité, imposé au père une semblable renonciation ; mais la Cité céleste a-t-elle moins de titres ? L'enfant a-t-il moins d'intérêt à y prendre place, moins de droits aux bienfaits de cette communauté des âmes qui ne comporte à aucun moment le sacrifice de sa vraie vie, mais lui en promet au contraire, jusque dans l'immolation de l'autre, le plein épanouissement ? En vérité, s'il y a un cas où le père doive céder, c'est celui-ci plutôt que l'autre : *primo vivere*, je dis de la vie supérieure pour laquelle l'autre est faite. Voilà donc le père invité, obligé même à transmettre son autorité à ceux qui mieux que lui peuvent l'assurer à son enfant et garantir ce droit, supérieur à tous les droits.

Ou bien faut-il penser, suivant le mot de Michelet, que le père est prêtre à son foyer, et, suivant la doctrine que nous discutons, seul prêtre et ministre de la religion qui convient à l'enfant ? Ressuscitera-t-on ainsi, pour les besoins de la cause, la religion domestique dont on ne voudrait sans doute pas par ailleurs, puisqu'elle risquerait d'opposer les familles aux familles et ne saurait être un lien civique ? Ou bien veut-on voir dans le père le seul interprète de Dieu, la seule voix autorisée qui puisse apprendre à l'enfant à le connaître et à le servir ? C'est nier toute religion positive, constituée, sans ombre de preuve, par un parti pris d'intolérance et de sectarisme. Mieux encore, c'est nier les faits les plus clairs, non seulement l'indignité de quelques-uns, mais l'incompétence de la plupart des pères de famille à donner toute l'instruction religieuse à leurs enfants. Ils y doivent collaborer : ils n'y peuvent suffire. N'admet-on pas que pour l'instruction morale et civique, aussi bien que pour l'instruction proprement dite, ils ont besoin d'un instituteur? Pourquoi n'allègue-t-on pas ici que leur droit est intransmissible ?

Il reste donc que le conflit est inévitable, ou la séparation nécessaire entre le droit du père s'il est intransmissible et celui de l'enfant à qui le père ne peut seul assurer le salut religieux, même dans la religion positiviste. Non ; le conflit n'existe pas plus ici que sur d'autres domaines, puisque le père n'a vis-à-vis de son enfant d'autre droit que de faire son devoir. Que les parents soient ou non fidèles d'une Église, il se peut — le contraire est même l'exception — qu'ils sentent le besoin d'appeler à l'aide les lumières qui leur manquent. Ce besoin traduit un devoir, et la question de leur droit ne se pose même pas. Le père qui va à la messe ou à l'office d'un culte quelconque ne saurait avoir le droit, ni le désir, d'en refuser le bienfait à son enfant. Sa foi même n'en supporte pas l'idée, et c'est avec une pleine certitude qu'il le confie à ceux à qui il demande lui-même les moyens de son propre salut. S'il prétend y suffire seul, et assumer toute la tâche, qu'il interroge sa conscience et pèse ses responsabilités. C'est sa conscience aussi qui lui commande dans le cas contraire d'user de son droit pour partager ces responsabilités. Là comme ailleurs, il ne se fait remplacer que pour ce qui dépasse son pouvoir, et plus qu'ailleurs il reste près de son enfant, en communion d'âme avec lui.

Le conflit n'apparaît qu'entre les droits des parents s'ils n'ont pas pris soin de régler la question de croyances, et de s'unir d'une union complète ou de s'entendre d'avance sur le parti à prendre. Même dans ce compromis amiable, chacun d'eux en le respectant pourra souffrir de sentir l'enfant livré à une foi qui n'est pas la sienne et souffrant lui-même de cette séparation spirituelle. Mais c'est une autre question que celle du rapport de leur droit avec celui des Églises. C'est celle du droit de l'enfant à l'unité spirituelle de la famille.

Sans doute celui qui, installé dans une conviction, juge de ce point de vue les familles pourra trouver que le droit de l'enfant est violé dans celles où manque cette condition de son salut. Le catholique souffre de l'injustice commise envers les enfants élevés dans l'incrédulité ; le libre-penseur convaincu et militant déclare que l'enseignement religieux « empoisonne » les jeunes âmes et que l'État qui le supprimerait les sauverait : c'est le principe de la politique sectaire. Mais, si chacun est libre de le penser, et d'en avoir la douleur, si peut-être il en est ainsi pour une justice « divine », nous ne pouvons servir pratiquement notre croyance contre les familles. Dans les États où règne la diversité des croyances le respect des familles est l'assise même de la paix sociale, la pierre angulaire de l'édifice. Et le droit de l'enfant est lié à la conscience de ceux qui ont voulu qu'il fût. A lui plus tard de se faire sa propre croyance d'accord avec cette inévitable empreinte, ou autrement si elle le laisse en doute. Tout ce que peuvent faire ceux qui le croient en péril pendant qu'il est enfant est de tâcher de gagner ses parents à l'idée qu'ils regardent comme salutaire. Sauf le cas où les parents sont indignes et sans conscience, on ne saurait le détacher d'eux, s'ils ne se détachent pas de lui. Que l'enfant et la famille s'affirment l'un vis-à-vis de l'autre, selon le rapport de libertés que définit le Droit temporel ou positif, tout est faussé, contradictoire. Qu'ils se donnent l'un à l'autre, et tous deux ensemble à ce qui est la raison même de ce lien, tout reste ou rentre dans l'ordre et dans le Droit spirituel.

Opposerons-nous donc ces deux Droits en une insoluble antinomie, comme semblent nous y inviter les problèmes de la vie publique? Retrouverons-nous l'antithèse qu'établissait Saint Augustin entre la Cité terrestre fondée sur l'amour de soi poussé jusqu'au mépris de Dieu, et la Cité céleste fondée sur l'amour de Dieu poussé jusqu'au mépris de soi? A ce compte il n'y aurait même pas de droit dans la première; car l'affirmation de soi que le droit implique ne va pas jusqu'à l'exaltation qui ferait du moi l'Absolu, et nierait Dieu ou l'Idéal. Mieux encore, il n'est au fond et ne peut être qu'une affirmation, insuffisante mais positive, de l'Esprit divin, puisqu'il reconnaît en chaque homme une valeur intangible à la force matérielle, surnaturelle donc, et divine. Si la justice positive ne peut rien imposer de plus que ce respect qui semble encore trop distant, elle a, comme dirait Malebranche, du mouvement pour aller plus loin, et va idéalement rejoindre l'autre. Car au fond elle est amour, et il ne faut pas opposer amour et justice; mais leur accord peut être diversement entendu.

On a prétendu réduire tout amour à la justice en faisant du don de soi une restitution de soi. Et c'est la vérité si, en se donnant jusqu'au sacrifice, l'homme se remet tout entier à un Dieu de qui il tient tout son être et à qui il retourne sans se perdre. Ce n'est qu'erreur et illusion si le créancier n'est qu'un autre homme, qui peut-être ne le vaut pas, ou même une Société, ou même une Humanité qui ne sera jamais toute bonne, qui en réalité n'*est* pas et ne sera jamais, n'étant faite que de générations éphémères. Elle mourra elle-même, nous dit A. Comte, qui veut seulement qu'elle meure en beauté dans la dernière des générations; et celui qui se sera anéanti pour elle et en elle aura fait un inutile et injuste sacrifice. En effet, si l'individu n'est rien qu'une abstraction, un néant, à qui demande-t-on cette restitution, et qu'a-t-il à restituer? Et si on le tient pour une valeur, si minime soit-elle, pour libre tout au moins de se donner puisqu'on le lui demande, ou de se refuser, comment est-il juste qu'il fasse abandon de cette valeur, et de soi, à ce que dépasse sa pensée, son idée de l'être, et qui trahit aussi bien son sentiment de la valeur suprême et sa volonté d'infini? C'est la négation même, non seulement de son droit, mais de toute idée de droit et de justice. Le positivisme qui prétend exclure l'idée de droit échoue à donner un sens à ces deux principes qu'il affirme si noblement dans la pratique : la justice et le sacrifice. Il faut d'autres certitudes pour assurer que don de soi n'est que restitution de soi, pour fonder cette justice d'amour qui est au fond de l'autre, et sans laquelle en tous cas il n'est pas de droit pour l'enfant.

CONCLUSION

———

Quelle certitude donc ? Celle-ci que l'Être à
qui on se « restitue » est la source de tout être
et valeur, et a droit à tous les sacrifices parce
qu'il en garantit le sens et l'efficace et qu'en lui
se retrouve ce moi qui a paru s'anéantir. Ainsi
seulement se résout l'énigme, l'antinomie du
sacrifice. Il était contradictoire de demander à
une personne humaine de s'abîmer dans l'impersonnelle Humanité, de perdre une volonté maîtresse d'elle-même dans un grand Tout inconscient. Il est rationnel, au contraire, qu'une âme
qui se donne à Dieu ne cesse pas d'être, mais
s'exalte en une conscience plus haute de son
être, et ne se désespère pas de quitter à jamais
ceux pour qui elle se sacrifie. En s'unissant par
un acte suprême à la Personne dont l'acte les a
appelées à l'être, les créatures continuent d'être
des personnes et des « moi ». Comment comprendre autrement qu'il y ait à la fois *une* Raison

universelle et *des* raisons, chaque homme ayant
la sienne ? A mesure qu'il est plus savant ou
meilleur, il élève *sa* raison vers *la* Raison. Est-ce
donc pour n'être plus lui-même une raison ? ne
serait-il pas inintelligible que nous nous per-
dions à mesure que nous valons davantage, et
que cette Raison souveraine, où nous tendons,
fût-elle même sans conscience de soi, donc inférieure aux nôtres ? Mystère de la Création et de
l'amour qui seul éclaire le problème de l'Un et
du Multiple où les Anciens avaient déjà vu le
fond de tout problème. Nous en tenons la preuve
dans les formes les plus hautes, seules dignes de
ce nom, de l'amour humain, où deux sont un
sans manquer chacun d'être soi. En unissant sa
pensée, sa volonté à une autre, chacun ne s'absorbe pas avec elle dans je ne sais quelle masse
amorphe d'idées et de désirs, mais s'élève avec
elle, et grâce à elle, à une conscience plus haute,
plus pleine de ce qui les rapproche. A plus forte
raison s'il s'agit de la relation d'amour entre
Dieu, l'unité suprême, et les créatures qu'il a
voulues multiples, qu'il aime chacune en sa personnalité originale. Comme nous l'éprouvons
dans l'amour paternel et maternel : « Chacun
en a sa part », sans qu'il cesse d'être un. Certains mystiques l'ont bien dit (1). Au contraire,

(1) V. Ruysbroeck, *Le miroir du salut.*

faute d'avoir reconnu la personnalité de Dieu et la survie des âmes, les Anciens, et Platon lui-même, ont échoué à concilier l'Un et le Multiple, tous deux nécessaires et contradictoires. En réduisant finalement tout aux nombres, Platon s'est éloigné de la solution. Seules s'unissent sans se confondre des âmes et des consciences.

C'est sous ces conditions que la justice est amour, ou bonté. Ceux qui s'aiment en Dieu, comme dit Spinoza et comme disent les saints, peuvent seuls être pleinement justes les uns pour les autres : toute autre justice est imparfaite et tend à celle-là. Et à ce degré, mais à ce degré seulement, il sera possible aussi que l'amour se ramène à la justice, parce qu'on ne peut aimer que le Bien, ce que Malebranche appelle l'Ordre. Mais si, de ce point de vue, chacun peut, selon son tempérament, attacher sa préférence à un terme ou à l'autre, c'est l'idée d'amour qui est la plus profonde et la plus riche. L'intelligence, au nom de laquelle on élève la justice au-dessus de tout, n'est elle-même qu'une forme d'amour, sympathie et union du sujet et de l'objet. Comprendre c'est déjà aimer, mais d'une affection imparfaite si elle reste froide. L'amour est le lien suprême des esprits dans une Raison vivante qui est aussi pensée et acte.

Il faut aller jusque-là pour atteindre le principe des droits de l'enfant et des relations qui le garantissent. Ils ne se traduisent en réalités que dans une société d'âmes dont la famille est la forme la plus naturelle, la seule, à vrai dire, où la Nature imite spontanément la vie de l'esprit, puisqu'elle met dans les parents un besoin impérieux de se donner et dévouer. Mais en se sacrifiant ils ne se perdent pas, comme il arrive dans le domaine de la vie inconsciente. L'enfant n'est pas pour eux l'occasion d'une injustice qui prendrait leur vie pour une autre vie temporelle, et peut-être moins digne d'être vécue. Au contraire, ils se sauvent eux-mêmes et leur enfant, dans la mesure où son salut dépend d'eux, salut moral et surnaturel.

Mais ainsi s'évanouit l'idée même de droit, qui perd tout objet. A. Comte en a bien vu le défaut et la pauvreté quand il l'a exclue de la Politique positiviste. Il a eu tort de l'exclure, parce qu'une société positive ne saurait être sans défaillances une cité d'amour. La nature ne saurait, comme l'affirme M. Durkheim, s'y *dépasser* (1) sans l'aide d'une grâce et d'une surnature. Et il faut maintenir, dans le conflit présent ou toujours possible des égoïsmes humains et des volontés

(1) V. Conférence au Congrès de Bologne. *Revue de Métaphysique*, septembre 1909.

incertaines, des limitations et sanctions qui en
arrêtent les écarts. Pour l'enfant lui-même sera
fixé ainsi le minimum de ce qui lui est nécessaire. Mais ce minimum le laisse dans la détresse,
physique et spirituelle. C'est à l'amour qu'il a
droit, à la tendresse qui, se donnant sans compter, ne trouve jamais qu'elle a assez donné et
qui, si elle a besoin d'être éclairée par l'intelligence et le savoir, ne connaît plus le droit et ses
oppositions. La justice n'est plus nécessaire aux
vrais amis, dit Aristote. Chacun d'eux reste soi.
mais n'a rien à revendiquer en propre dans les
objets. Et c'est pourquoi, si légitimement, « l'a-
mitié » vraie du père et de la mère s'indigne
qu'on doute d'elle et qu'on lui oppose les droits
de l'enfant. C'est pourquoi, enfin, la Société sort
de la vérité et se met elle-même en péril quand
elle entreprend, au-delà de l'indispensable, de
remplacer la famille par une garantie juridique
toujours plus savante des intérêts de l'enfant. Il
faut à la famille sa place, sa vie, tout son rôle.
Il y va de notre salut.

APPENDICE

Loi du 12 avril 1906, modifiant les art. 66-67 du code
    pénal, 340 du code d'instruction criminelle, et
    fixant la majorité pénale à 18 ans.

Loi du 18 décembre 1906, modifiant les art. 13, 14, 15
    de la loi du 27 juin 1904 sur le service des enfants
    assistés.

Loi de finances du 13 juillet 1911 — Art. 99 : domicile
    de secours des enfants assistés.

Loi du 22 juillet 1912, sur les tribunaux pour enfants
    et adolescents et sur la liberté surveillée.

Loi du 8 août 1913 (Engagements dans l'armée de mer).

Loi du 5 août 1916, tendant à compléter l'art. 20 de la
    loi du 24 juillet 1889 sur les enfants maltraités ou
    moralement abandonnés.

Loi du 26 février 1917 interdisant la mise en vente, l'ex-
    position et l'importation des tétines en caoutchouc
    de fabrication défectueuse.

Loi du 19 mars 1917, modifiant l'art. 15 de la loi
    du 27 juin 1904 (sur le service des enfants assistés),
    modifiée par la loi du 18 décembre 1906 (sur la
    gestion des deniers pupillaires).

Loi du 27 juillet 1917, instituant des pupilles de la
    nation.

Loi du 28 juin 1918, art. 9 : office national et départe-
    mental des pupilles de la nation.

Loi du 19 mars 1919, facilitant les donations au profit
    des œuvres d'assistance publique ou privée et de

celles ayant plus spécialement pour objet le développement de la natalité, la protection de l'enfance
et des orphelins de la guerre.

Loi du 22 février 1921, complétant les art. 4, 15, 21, 23
et 25 de la loi du 22 juillet 1912 sur les tribunaux
pour enfants et adolescents et sur la liberté surveil-
lée.

Loi du 15 novembre 1921 complétant la loi du 24 juillet 1889 sur la protection des enfants maltraités
ou moralement abandonnés (puissance paternelle)
(Loi autorisant les déchéances partielles de la puissance paternelle).

TABLE DES MATIÈRES

Préface V

Chapitre I. — Le problème. I

— II. — Le principe. 1. 28

— III. — Le principe. 2. 54

— IV. — La famille 84

— V. — L'État. La vie publique . . . 136

— VI. — L'École 194

— VII. — Les églises 217

Conclusion 235

Ligugé (Vienne). — Imprimerie E. Aubin.

Paris. — Imp. Henri Diéval, 57, rue de Seine.